written by
Toshiaki Endo
Sports no CHIKARA

スポーツのチカラ

東京オリンピック・パラリンピック戦略

衆議院議員
遠藤利明

松瀬学◆取材・構成

論創社

はじめに

二〇一三年九月、アルゼンチン・ブエノスアイレスのヒルトンホテル会議場は、異様な熱気に包まれていた。二〇二〇年オリンピック・パラリンピックの開催地を決定する第一二五次国際オリンピック委員会（ＩＯＣ）総会。ワタシは安倍晋三《あべしんぞう》内閣総理大臣の二列後でじっと声を押し殺し、その時を待った。

夏季オリンピック・パラリンピックの東京招致活動に携わり、実に七年。この間、四年前の招致失敗も含め、実に多くの困難を乗り越えてきたと思う。スポーツ行政をめぐる国のあり方にもメスを入れ、時には厳しい批判を浴びることもあった。しかし、逆に海外のＩＯＣ委員から思いがけない支持と声援をいただく場面もあった。とにかくこれまでの様々な紆余曲折が脳裏をよぎっていた。この決戦会場に至るまで、万全な準備を整えてきたつもりだが、事は五輪招致だけに、土壇場で何が起きるかわからない。安倍総理も周到にプレゼンテーションの練習を行い、当日のスピーチは大成功。招致を呼び込む渾身の立派なスピーチだった。その総理も、そわそわと体が小刻みに動いているような気がした。まさに、息を呑む、そんな時間が流れていた。

「トウキョウ!」。

ジャック・ロゲIOC会長(当時)の一言が会場に響き渡った途端、ワタシは無意識に飛び上がっていた。隣の田中理恵《たなかりえ》さん(体操)や小谷実可子《こたにみかこ》さん(シンクロナイズドスイミング)からハグの洗礼を受け、視線を移すと目の前には山下泰裕《やましたやすひろ》さん(柔道)。躊躇はなかった。ワタシより大きな胸に飛び込み、大の男ふたり、互いに喜びを分かち合った。

しかし、あの時あの会場で、一番に「トウキョウ」の言葉を待ち望み、心から喜んだのは、総理御自身だったと思う。総理の肩を叩くと「遠藤さん、決まったよ!」とはじける笑顔で迎えられた。大きな歓喜の渦の中だった。

総理とは、オリンピック・パラリンピック招致について何度も話し合った。国会の当選同期ということもあり、今回は招致活動の細かなお願いまで本当に快く引き受けてくれた。

実のところ、内閣総理大臣への二度目の登板が決まった二〇一二年暮れの頃は、まだ招致活動にエンジン全開とまではいっていなかったようにみえた。当時は日本経済の立て直しや教育再生が主眼にあり、内閣立ち上げの重要な時期だったから当然である。

その後、二〇一三年が明け、オリンピック・パラリンピック招致に向けた総理の気持ちが次第に固まっていったのではないか。まずその正月、総理とともに「アジアの子どもたちに学校をつくる議員の会」の一環として、ベトナムを訪れた。訪問先のハノイでもオリンピック・パラリンピック招致の話題になった。総理は熟考しているように見受けられた。

東京に戻ると、総理の表情が変わったと感じた。そして、あの言葉。

「一九六四年の東京オリンピックは、うちのじいさん（故・岸信介《きしのぶすけ》元内閣総理大臣）が招致したんだ」。

今思うとそれが、総理御自身、敬愛する祖父と五輪との関係を自覚し、招致活動のためにトップギアを入れた瞬間だった。それは期せずして、ワタシが竹田恆和《たけだつねかず》日本オリンピック委員会（JOC）会長等とともに、総理にオリンピック・パラリンピック招致活動の正式要請を行う場でのことであった。

総理は話を全部終えると、「遠藤さん、ちょっと寄っていかない」とワタシを執務室に誘った。「必要なことは何か」と問う総理。

ワタシは「まず総理が閣議で大臣に指示してください」とお願いした。すべての大臣には、海外出張時にオリンピックやパラリンピックの宣伝マンとなってほしい。在外日本大使館はもちろん、関係する日系企業にも役所から直接協力依頼をしなければなりませんと続けた。

オリンピック・パラリンピック招致のためには、各国ＩＯＣ委員の一票を血眼になって獲得しなければならない。その後、招致決定までの間、総理は外遊のたびに必ず東京招致を強く訴え続けた。実際、総理の要請に応え、ロシアのプーチン大統領がまとまったＩＯＣ委員の票集めに協力してくれたのは有名な話である。またある時は、「五輪をめぐる現地の基礎的知識が足りない」と外務省の幹部に総理が檄を飛ばすこともあったという。

どうしてワタシが東京にオリンピック・パラリンピックを招致したかったのか。

ワタシが文部科学副大臣に就任した二〇〇六年、日本のスポーツ界はいいようのない停滞感に包まれていた。同年のトリノ冬季五輪はスキー・ジャンプやカーリングでメダルの期待が高まっていた。にもかかわらず、表彰台はフィギュアスケート・女子シングルの荒《あら》川静香《かわしずか》選手の金メダル一つだけ。言い訳のできない惨敗だった。

原因として、スポーツに対する国の関与が足りなかったのではないかと考える。当時、日本には他の多くの先進国と異なり、スポーツを推進するための基本法がなかった。このことが有力選手の発掘や強化の障害となっており、国民全体も、基本法がないばかりに日頃の運動促進やスポーツ人口の底上げに本腰が入らなかったのではないか。ワタシは早速、超党派のスポーツ議員連盟の中に「新スポーツ振興法制定プロジェクトチーム」をつくり、旧知の河村建夫《かわむらたけお》元官房長官に座長をお願いし、ワタシが事務局長として活動を始めた。

次に、新しいスポーツ基本法をどこが運営するのかという問題にも直面した。文部科学省や厚生労働省など複数省庁に分散するスポーツ行政を一元的に担うためには「スポーツ庁」の設置が不可欠だと考えた。ただ、行政改革が叫ばれるご時世、新たな組織をつくるには、スポーツに対する「国民の熱意」の高まりが必要だった。

「国民の熱意」。まさに、オリンピック・パラリンピック招致ではないか。これがワタシにとって「二〇一六年東京オリンピック・パラリンピック招致」を始めるきっかけになったのも事実である。ある意味、招致活動は、スポーツ庁設置への起爆剤だったのだ。

ただ、二〇一六年オリンピック・パラリンピックの東京への招致は、当時、国会でほとんど相手にされなかった。それよりも、肝心の足元である東京都がまとまっていなかった。石原慎太郎《いしはらしんたろう》東京都知事（当時）が一生懸命になればなるほど、民主党の有力国会議員が

「反対！」の声をあげた。東京都がまとまらずして、「熱意」が全国に広がるはずがなかった。オリンピック・パラリンピック招致を支援するための国会決議、わずか原稿用紙一枚程度の決議の実現に何カ月も要してしまった。当時、都有地への参院議員宿舎建設問題で国と都との関係がぎくしゃくしていたことも、マイナスに働いたのかもしれない。

では、なぜ、二〇二〇年東京オリンピック・パラリンピック招致が成功したのか。ベースになったのは、二〇一一年六月に成立したスポーツ基本法だと思っている。条文の形で、国の責務として国際総合競技大会の招致を支援することを明記しただけに、招致活動は都どころか国を巻き込んだ大きなうねりにつながった。これが国民の「熱意」に火をつけた。スポーツ基本法は、「政府による財政保証」というオリンピック・パラリンピック招致のガソリン補給にも大いに役立ったのだ。

二〇一六年のオリンピック・パラリンピック招致に敗れた直後、北京オリンピック・パラリンピックを勝ち取った中国の于再清《ウサイセイ》ＩＯＣ委員を超党派の「オリンピック招致議員連盟」に招き、反省会兼報告会を行った時のこと。于さんは開口一番「政府の財政保証がないとダメですよ」と鋭く指摘した。政府の財政保証とは、大会開催で赤字が出た場合は国が補塡する仕組みを指す。当時の政府はこれに尻込んだ。ワタシは財政保障にケンモホロロだった財務省と散々ケンカし、結局、麻生太郎《あそうたろう》内閣総理大臣（当時）の最終決断に頼らざるを得ないような厳しい環境だったのを覚えている。

しかし、今回は基本法の「国の責務」との条文が力を発揮し、財政保証はすんなりと決まった。安倍総理の熱意もあり、「オールジャパン」で招致活動に臨む源流ともなったのだ。こうした土台が、次に日本の「安定性」を広く世界にアピールすることにもつながった。日本は経済でも治安でも安心・安全であり、大会をうまく運営できるという国際的信頼を獲得するに至ったのである。

実は招致が決まる四カ月前の二〇一三年五月、ワタシはロシアのサンクトペテルブルクで開かれた「スポーツ・アコード（SportAccord International Convention）」という国際会議で一人肩を落としていた。二〇二〇年五輪に関するＩＯＣ委員の人気は、もっぱらトルコのイスタンブール。関係者の反応に直接触れることになったワタシは、「とても東京が勝てるムードではない」と、その厳しさをひしひしと感じていた。ただその後、トルコでは大規模な反政府デモが起き（二〇一三年五～八月）、さらに二〇一六年夏季オリンピック・パラリンピックの開催地ブラジルでは、サッカーのＦＩＦＡコンフェデレーションカップの最中（二〇一三年六月一五～三〇日）に抗議デモが発生した。世界中のメディアは、政情不安がスポーツ大会に及ぼす影響をこぞって取り上げ、結果的には、日本の「安定性」が浮き上がる構図となった。ここが岐路になったのではないかと思っている。

日本の「安定性」の源はスポーツ基本法にあり、この頃には、国民の招致活動にかける「熱意」も、四年前とは比べものにならないほど高まっていた。

二〇一四年三月二六日。二〇二〇年東京オリンピック・パラリンピック競技大会組織委員会の第一回会合。ワタシは、衆議院を代表する理事に就任した。

いかに成功させるか。それがワタシの次の仕事になった。

まず、ワタシは考える。二〇二〇年東京オリンピック・パラリンピック。これを成功させる最大のテーマは、オリンピックとパラリンピックを真に一体のものとして開催することだと思う。

三月、ワタシは、ロシアで開催された二〇一四年ソチパラリンピックの開会式に出席した。日本代表パラリンピアンを激励する中、パラリンピアンの意識がオリンピアンと全く同じ、一致した「アスリートの世界」にあるということが、ワタシの印象に強く残った。

オリンピック、パラリンピック、ともに同じ方針のもと、選手強化を進めなければならないと改めて実感した。

もう一つ。名前は、二〇二〇年東京オリンピック・パラリンピック。しかし「東京」を超えて、その実体を「二〇二〇年日本オリンピック・パラリンピック大会」にすることだと思う。オールジャパンでのオリンピック・パランピック開催だ。

初めて開かれた理事会の場で、早速ワタシは次の具体的な提案をした。

・すべての都道府県が、金メダル一個獲得の目標をもつこと。
・すべての市町村が、メダル一個獲得の目標をもつこと。
・すべての企業の技術を、大会のためのインフラ整備や競技施設に係る資材・材料、競技用品等の製作を通じて世界に発信すること。
・すべての国民が、開催主体となり、大会を体感すること（「一〇万人のボランティア」「一〇〇万人のアンバサダー（交流大使）」「一〇〇〇万人のドナー（選手や競技場、大会への寄付）」をシステム化）。
・すべての地域が、キャンプ地の受け入れ、グリーンツーリズムなどを通じて、世界と接触すること。

二〇二〇年の東京大会が終わったとき、大会自体の成功とは別に、東京オリンピック・パラリンピックの成果・遺産《レガシー》として、この日本に、さまざまな形で、新しい社会モデルが出来あがっている、そんな取り組みを進めるべきだと思う。

国民総参加のオリンピック・パラリンピック。今の日本には、これが必要なのだ。

ワタシは、スポーツのチカラを信じている。

スポーツというものは、一人の人間を、将来の日本の姿を、活力ある形に変える大きなパワーを持っていると思う。スポーツの価値をもっと社会に知ってもらわなければ、もったいない。スポーツ基本法の精神を、多くの皆さんに分かってほしい。これは、今後の日本のスポーツのあり方を規定する大事な法律であり、その成立過程や内容を理解することは、スポーツを通じた将来の国づくりを考えることにもつながるものと考えている。

ワタシの人生は、常にスポーツと表裏一体だった。この本ではその生い立ちや政治哲学にも触れながら、スポーツに対する考え方や、ワタシが中心となってまとめたスポーツ基本法の意義、二〇二〇年東京オリンピック・パラリンピックの行方などを考えてみたい。

午年《うま》の二〇一四年。ワタシには覚悟がある。

二〇二〇年東京オリンピック・パラリンピックの招致成功を機として、ここで一緒にスポーツ基本法やスポーツ立国論を考えてみたい。スポーツ基本法と二〇二〇年東京オリンピック・パラリンピック、この二つを両脇に抱えた今、ラグビー大好き人間のワタシは、毎日が桜のエンブレム（日本代表）のジャージを着てグラウンドに飛び出し、スクラムを組む。そんな気分の中にいる。

これまで、ワタシは、一度地面に落ちたらどこに転がるか予想できない楕円形のボールを必死に追うラガーのごとく、泥臭く、がむしゃらに生きてきた。世の中のためになろう、人のためになろうと、本気で考え、ひたむきに行動してきた。

そして今、これから脚光を浴びるスポーツ、教育、文化、科学・技術。世の中のため、人のため、さあ、ラガー代議士・遠藤利明《えんどうとしあき》、何ができるか。

活力ある未来の日本に向かって。よし、キックオフだ。

二〇一四年四月吉日

衆議院議員　遠藤利明

奥克彦大使10周忌追悼試合。国会ラグビークラブチームでプレーする著者。
(2013年11月18日・秩父宮ラグビー場)

提供：スポーツニッポン新聞社

スポーツのチカラ

東京オリンピック・パラリンピック戦略

もくじ

Contents

chapter 1

第1章

ラガー政治家の原点

中学時代、修学旅行で訪れた国会議事堂前にて（右側が著者）。
（著者提供）

1

父の教え

二〇一四（平成二六）年一月二六日、父、遠藤利一《りいち》は生涯を終えた。九四歳だった。大往生だった。

葬儀は一月三〇日、地元の山形県山形市のセレモニーホール（斎場）で執り行われた。その前日は猛吹雪だった。葬儀の日だけカラッと晴れ上がった。太陽がサンサンと照っていてね。湿っぽいのが大嫌いなオヤジらしい天気だった。

葬儀には一〇〇〇人を超える人々が集まってくれた。オヤジは学校の校長をしていたから、教え子もたくさんきてくれた。ありがたいことだった。

オヤジは儀式が嫌いだ。生前、オヤジから言われたのは、「死んだらまず、花火を打ち上げろ」だった。それから、「抹香臭いのは嫌いだから、線香の代わりに献杯しろ」「お経が長いのはイヤだから、和尚さんにお願いして、お経を一行ずつ飛ばしてやってもらえ」

と言われていた。

それから、「弔辞をよむのは自分の教え子の一人だけにしろ」ってね。山形という土地は、葬儀の時に故人の孫にも弔辞を読ませる習わしなんだ。オヤジは、それを絶対するなって言っていた。そんなのは家族の中でやればいいことだって。

打ち上げ花火は、葬儀までには手続きが間に合わなくてできなかったけれど、納骨の時に打ち上げた。献杯はダメだった。セレモニーホール側に断られた。お経も和尚さんに断られてしまった。そりゃそうだね。

そんな話を喪主のあいさつでさせてもらった。弔問の人たちに「オヤジに教えてもらった人はほとんど、叩かれたでしょう」と言ったら、みんなウンウンとうなずいていた。青竹とか大きな三角定規の角とかで。今なら体罰で大問題になる。今ワタシは体罰禁止の指導をしているけれど、オヤジが寝たきりになった時、「今だったら、オヤジは一発でクビだな」と言ったら、「愛情が違う。オレはそういう子どもを徹底的に深い愛情で面倒をみていた」と話をしていた。

オヤジが生前、こんな話をしていた。「オレの教育は間違っていたのかもしれない」って。ひどく手がかかって、やんちゃでどうしようもない生徒が五人、一〇人規模の会社の社長になって社会で頑張っている。それで何かあると、地域のため、同窓生のため、骨を折る。えらいもんだ。しかし、コイツはすごいな、偉くなるなと思っていた優等生や、有名な高校、東京の大学にいった生徒が、ちっとも顔をださない。同窓会の手伝いもしないし、住んでいる住所すらわからない。オレは教育を間違ったな、とぽつりと言ったんだ。

ワタシが政治家として教育やスポーツ政策をするようになった原点はオヤジにあるんだ。オヤジは一九一九（大正八）年、山形県の山間部の寒村で生まれた。貧乏だったので、旧制中学校にいけず、師範学校に入って、先生になった。その後、戦争で招集されて、満州に行き、予備士官学校に通って少尉になった。

日本に戻れると思っていたら、ニューギニアの戦線に派遣され、ひどい体験をしたようだ。戦争の話は、オヤジから三回くらいしか聞いたことがない。話すのがつらかったんだろうと思う。

ニューギニアの戦線では、二百何十人の部隊のうち日本に戻ってきたのは十数人だったそうだ。ほとんどが撃たれるか、マラリアにかかるか、飢えで亡くなったそうだ。食べ物がなく、「カエル一匹を六人で食った」と言っていた。「それが最高の部類のご馳走だった」って。

戦争が終わって、オヤジは一人で同僚のお骨を二十何人分抱えて戻ってきたそうだ。最後は捕虜になって、マラリアにかかってね。日本に戻ってしばらくは、真夏でも高熱が出ると、バタバタと苦しんで暴れるらしく、家族みんなで泣きながら、布団ごとオヤジに覆いかぶさっていたらしい。

オヤジから直接聞いた話は、カエルを六人で食べた話と、戦場に斥候《せっこう》に行って、塹壕《ざんごう》の中から自分が顔を上げて下げて、次に隣の戦友が顔を上げた瞬間、「ズドン！」と撃たれてしまったと。必死に退却して、一息ついて背負っていたリュックを下ろしたら、中に入っていた飯ゴウに銃弾が当たっていた、とも言っていた。そんなぎりぎりのところで生きていたんだ。

死線をさまよったからだろう、自分の信念をもっていた。亡くなった戦友のためにも、自分が頑張らなきゃいけないと。

オヤジから話を聞いたのは、まだワタシが子どもの頃だから、戦争はひどいもんだと感じるくらいだった。だから、オヤジは自分の人生をガンコに生きていたんだ。

戦後、オヤジは学校の先生に戻って、六〇歳間際まで中学校の校長をして退職した。その後は、ほとんどワタシの選挙運動を手伝ってくれた。

オヤジの思い出といえば、ワタシが中学校の時までほとんど毎日、ゲンコツで殴られていたことかな。押し入れに入れられたりもした。ワタシは三人兄弟で兄と妹がいる。面白いことに、妹は何をやってもオヤジに怒られないんだ。妹と喧嘩しても、「悪いのはオマエだ」とワタシがいつも、怒られていた。

それが高校に入ったら、もうまったく怒られなくなった。何十年間か、一回も怒られたことがなかった。いや一度だけ、三三歳で県議会議員の選挙に出る時、「まだ政治家になるのは早い」と怒られた。

親戚はほとんど学校の先生になって、何人かが政治家になっている。昔は田舎でカネがないと、旧制中学校にいけないわけだ。師範学校にいって先生になってから、別の職業に移ったんだろう。祖父は田舎の村会議員で、母の兄貴は市長になった。

オヤジから教えられたのは、何といっても「人のため」だな。徹底して、人を大事にしろということだった。

オヤジの教育は生徒を叩くほど厳しかったけれど、何十年経っても、生徒の名前をほとんど覚えていた。学校の校長をしている時も、「オレは全校生徒の名前がわかる」と言っていた。「オマエは、誰々の息子の〇〇くん」とか。

オヤジは、先生という職業に対して、プライドと自信をもっていた。自分にも厳しかった。今ワタシは政治家をやっているけれど、源流にはオヤジの「人のため」が流れている。オヤジはラジカルだったのかな。勲章はいらないっていうんだから。柔道が六段だった。柔道をやって、中学校の野球部の顧問もやっていた。そうそう、葬儀の時、オヤジの教え子で野球部員だった人から、こんなことをいわれた。悪さして怒られて、ジャリの上に座らされた。何時間経っても先生がこないので、職員室に行ったら、オヤジは、その人を座らせたことを忘れて帰っていたそうだ。そんなとぼけたところもあったんだ。

葬儀の時、オヤジの話をいろんな人から聞いた。戦争で苦しんで、貧しくても人間づくりに打ち込んだ人生を考えた。オヤジの生き様を思うと、胸がアツくなった。ワタシは葬儀のあいさつでこう言った。

「息子から言うのは変ですが、素晴らしい人生だったと思うし、素晴らしい教育者だったと思います」。

母の伸子《のぶこ》は、二十年前に亡くなった。ワタシが衆議院議員総選挙に初当選した一九九三(平成五)年の次の年だった。

オヤジと違って、おふくろからは一度も怒られたことがない。オヤジは徹底して怒る、おふくろは徹底してやさしい、両親はいいコンビだったんだ。

おふくろも学校の先生だったけれど、やさしい先生だったようだ。選挙で地元を回ると、よく「おかあさんはやさしくていい先生だった」と言われたものだ。おふくろは比較的早く先生を辞めて、田舎の雑貨屋をやっていた。でも、教え子が、「伸子先生、伸子先生」っていろんな相談にきていた。

おふくろには苦労をかけた。衆議院議員総選挙に初挑戦した一九九〇（平成二）年は落戦したので、それから三年半、ずっとワタシの選挙運動を一生懸命に応援してくれていた。

おふくろが死ぬ間際、枕元で、最後に自分で書いた文字が「ありがとう」だった。ありがとうって。白い便せんに揺れる黒い文字でそう、書かれていた。もう涙が止まらなくて。

さらに何か書こうとしていたらしいけれど、文字が乱れて読めなかった。言葉も出ない。何だったんだろう。たぶん、「感謝の気持ちを忘れてはダメよ」だったと思う。

おふくろからは、「感謝の大事さ」を学んだ。オヤジからは「人のために生きろ」と教えてもらった。ワタシは両親から「人を大事にしろ」と教えてもらった気がする。

やっぱり人が財産なんだ。

2

政治家を夢見て

ワタシは一九五〇（昭和二五）年一月一七日、山形県上山《かみのやま》市で生まれた。父・利一、母・伸子の次男である。

そこは昔、南村山郡西郷村《みなみむらやまぐんにしごうむら》といって、山のふもとの農村だった。上山市は温泉街で有名だね。今はキレイな上山城があって、宿場町、城下町としても知られる。すぐそばにスキー場のある蔵王山があって、観光地としてもにぎわっている。

果樹地帯でもあって、さくらんぼ、ラ・フランスに人気がある。街の中は観光、外は果樹園、農村だ。

小さい頃は、ひたすら野山を駆けまわっていた。モノ不足の時代だけれど、毎日が楽しかった。木に登って枝が折れて下に落っこちたりしていたな。食べ物がないから、「くわご」という桑の実とか、さくらんぼのちっちゃいやつとか、グミだとかを食べたり、川泳ぎをして魚を捕まえたりしていた。

学校が終わると、ほとんど家にいなかった。遊びでは木の枝でチャンバラかな。小学生くらいからは、三角ベースの野球をやっていた。ワタシはそれからずっと、野球少年だった。ヒーローはもちろん、長嶋茂雄《ながしましげお》（プロ野球・巨人）よ。だから巨人ファン。「巨人・大鵬《たいほう》・たまご焼き」の時代だから。

朝から晩まで、時間があれば野球だった。朝早く登校して野球をして、授業が終わってからも暗くなるまで野球をする。本格的なスポーツとの出会いは野球だった。

あの当時、グローブも何にもないわけだから、紙でボールを作ってやっていた。バットは木を折ったやつ。グローブは布で作ったのかな。道具は全部、手作り。

広い場所がなかったから、三角ベースしかできない。お寺の境内でよくやっていたけれど、すぐにぶつかったり、寺院の下にボールがもぐったりして、和尚さんに怒られてね。

時には、墓場で野球をやっていた。墓がタッチのベース代わりだ。石がごろごろしている上をゴムズックで走りまわっていた。勢い余って、何度も墓石をひっくりかえしたなあ。

遊ぶ時はいつも、友達と一緒だった。一人で遊ぶことなんかなかった。からだが弱い子や、年齢が小さくてまだ野球がうまくできない子は、アウトになってもアウトカウントには入れない。得点は認めるけれど、たとえ三振してもアウトにはしない。子ども心に弱者が助かる精神やチームワークを学んでいた。

ワタシはガキ大将というか、親分肌だったようだ。小学校の時は、サードで四番バッターだから。野球をやる時のかけ声はワタシがかけていた。西郷第一小学校。ひと学年二クラスの六〇人、全校で三六〇人ぐらいの学校だった。

モノは何もないよね。でも田舎だから、そんなにひもじいことはなかったんじゃないかな。夏はスイカを拝借し、秋には柿や栗をとっては食べていた。

小学校六年の時、こういうことがあった。別の小学校と野球の試合をやることになったんだけれど、先生が「オレは事前に聞いてない」と怒ってね。でも別の小学校の連中が学校にきてしまったから、「約束だからしょうがない」とやらせてもらった。

あの当時から、自分で決めるとすぐ、実行していたようだ。

中学生になって、野球部に入った。本物のグローブがほしくてね、冬に新聞配達をやった。給料は一カ月八〇〇円くらいだった。雪の中の配達だから、冬季手当として二〇〇円をプラスしてもらった。月一〇〇〇円。五カ月やって、新品のグローブを買った。

毎朝、四時半に起きて、五時から新聞配達をして、八時には終わらせる。それから、学校に行った。冬は真っ暗な中での新聞配達で、手はしもやけでぐじゃぐじゃになる。大変だけれど、つらいとは思わなかった。自分で目標を決めると、まっしぐらに走っていく。選挙の時と一緒だな。

実は小学校五年生の時にもう、政治家になりたいと思っていたんだ。なぜかというと、伯父が隣の村にいて市長をやっていて、夏だと朝四時過ぎにはもう、農村の人が訪ねてくるんだ。そして「道を舗装してくれ」「息子の就職の面倒をみてくれ」と頼みごとだった。伯父は引き受けると、直に電話したり、夜行列車に飛び乗って、東京に出ていく。戻ってくると、また地元の人が訪ねてくる。大根などを持ってきてくれて、「どうだっけ～?」って。ダメな時もあったけれど、「これはうまくいった」とか言えば、「ありがとうさまス」ってすごく喜ばれるんだ。ワタシはそんな様子を見ていて、「ああ、こんなに人に喜ばれる仕事があるんだ」と思った。選挙の厳しさを知らないので、そんな感謝されるところしか見ていなかった。

ただ、人に喜ばれる仕事っていいなあ、と思って、「よしっ、政治家だ!」と考えた。それから、思い立って、朝起きて必ず一時間ぐらい新聞を読んでから、学校に行くようにしたんだ。小学校五年生の時から。

小学校六年生の時、担任の先生から、その新聞で読んできたことを毎朝、黒版に書けと言われた。新聞を読んで、ポイントを黒板にバーっと書く。あれは勉強になった。

中学が西郷中学校。今は合併して、校名が変わった。野球部だった。最初は太っていたから、「ブタ」とか呼ばれていた。その後は「クマ」かな。太っているというか、コロッとしていた。運動をよくやっていたから、ぶくぶくの体型じゃなかった。

どちらかというと親分肌で、野球部ではキャプテンだったし、三年生の時は生徒会長にもなった。意外に自分から「やります」というタイプだった。生徒会長は立候補制だから、自分から立候補したんだ。学校をよくしたいなんて思わなかったけれど、生徒会があるなら、自分が先頭に立っていろんな行事をやっていきたくなった。

中学校はひと学年が三〇人くらいの三クラスだった。全校でざっと三〇〇人かな。

成績はまあまあよかったな。

うちの西郷中学校から、山形県内で一番いい山形東高校にいくのが、一年に〇～三人だった。ワタシは兄弟でそこに入った。文武両道っていったらカッコいいけれど、少なくとも中学校までは「田舎の秀才」だった。

高校に入ったら、世の中にはこんなに頭のいいヤツがいるのかってびっくりしたけれど。

中学校の思い出が一つ、ある。二年生の時、クラスで「バナナと殿様」という劇をやった。バナナを食べた殿様が、バナナの皮で滑ってケガをする、というストーリーだった。殿様役のクラスメートが、ホンモノのバナナを学校に持ってきてね。もうびっくりだ。初めて見たホンモノのバナナをそいつが食べている。みんな、悔しくてね。よだれを垂らしながら、見つめていた。オレたちはせいぜい、一〇円くらいのお菓子バナナだから。当時、バナナは最高級品の果物だった。その後、ワタシがバナナを食べられるようになったのは大学に入ってからになる。

野球部では、キャッチャーで四番だった。三年生の時は地区大会で途中で負けてしまった。高校に入った時も、野球部に誘われた。自分でも野球部に入りたかった。でも、家が遠いから、通学に時間がかかって、野球部は無理だったんだ。

朝六時半頃に家を出て、自転車に乗って駅に着いて、列車に乗って、それから歩いて学校に着くのは八時一五分ぐらいだから。一時間四五分くらいかかった。野球部だと朝の練習にも出られないし、夜遅くまで練習に参加できなくなる。野球部に入るためには学校の近くに下宿しなければならなかったけれど、オヤジが許してくれなかった。

それで他にないかと探したら、柔道部があった。ここは練習の終わりが早かった。オヤジが柔道をしていたこともあって、柔道部に入ったんだ。でも、どうも自分に合わなくて……。やっぱり団体スポーツが好きだったんだ。格闘技より、球技が合っていた。

それでも稽古はしていた。からだが大きくないから、内股なんかはうまくなくて、ずっと一本背負いを叩き込まれたけれど。

柔道部を二年生で辞めたのには、理由が二つ、あった。一つは地域の野球チームがあって、そっちの方に関心が移ったこと。もう一つは、稽古で両手首をねんざして、二カ月くらい練習ができなかったこと。練習を休んでいたら、全然、周りについていけなくなっていた。これはもうダメだなって。

こうなると、稽古が面白くなくなる。それで柔道部を辞めて、ワタシの村の子ども野球チームの監督になった。これが面白くて、大学を浪人した時も含めて、ざっと四年間ぐらい、村の少年野球チームの監督をやっていた。

3

ラグビーとの出会い

本当のスポーツの面白さを知ったのは、ラグビーに出会ってからだった。

一九六九（昭和四四）年、中央大学法学部に入学した。一浪の後、いくつかの大学に合格したんだけれど、兄がいっていたことと、授業料が安かったことから、中央大学にいくことにした。

浪人時代は山形で送った。地元の少年野球チームの監督をしていた。子どもたちに自分のもっている技術や知識を伝える。楽しんでもらう。それが面白かった。

技術というより、どうしたら子どもたちのやる気が出るか。ただうまいだけではなく、人間的にもしっかりしてほしい。その頃からかなりチームというものを意識していたと思う。

当時は学生運動の時代で、中央大学も大学封鎖状態だった。それで九月の入学となったわけだ。まず最初に、正課体育の授業を二種目取らないといけなかった。

まず野球は取った。もう一つ、球技が好きだから、サッカーやバスケットボールを取ろうと思ったんだけれど、希望者が多いので、もし抽選で外れるとウエイトリフティングやレスリングに回されてしまう。球技をやりたかったからそれはイヤだな、と思っていたら、ラグビーの枠が空いていた。高校時代、体育の時間に雪の中でラグビーはこういうものだと教えてもらったことがある。キックとパスくらいだったけれど。

それと、柔道をやっていたからタックルはできる。ラグビーを詳しくは知らなかったけれど、球技と格闘技を兼ね添えているから面白いだろうと思ったんだ。

最初のラグビーの授業は今でも印象が強烈だ。当時、大学は休講が多かったので、まずは御茶ノ水の駿河台キャンパスに行って授業のあるなしを確認し、それから練馬の中央大学のラグビーグラウンドに行った。

秋晴れのいい天気だった。陽射しが心地よかった。陸上競技場があって、乗馬クラブがあって、サッカー場、ラグビー場がならんでいた。土のグラウンドで広々としていた。周りにはまだ、樹木の緑があった。

ラグビーの授業の担当が、今でも師と仰ぐ桑原寛樹《くわはらひろき》先生だった。

最初のラグビーの授業が始まった時、桑原先生がこう、言った。

「このグラウンドにくる時、学校に行って休講かどうか確かめてやってきたでしょう。でも、それは今後、必要ありません。私は授業を絶対、休みません。休講はしません。教師として何曜日の何時限と、みなさんと契約したんだから、どんなことがあっても休講はしません。休んだら契約不履行になります。だから必ず、ラグビーの授業はやります」。

もう一つが、一五人ずつ四チームに分けて、チームごとにキャプテンを決めさせられた。ワタシはラグビーを本格的にしたことがなかったけれど、誰も手を挙げないから、「ワタシがやります」と志願した。生徒が一年生で六〇人ぐらい。あとで考えたら、高校時代にラグビーをしていたヤツもいたんだけれど、ワタシがキャプテンになった。

授業も面白かった。桑原先生はすごい人でね。「スポーツはまず、楽しくなきゃいかん」とおっしゃった。練習なんて面白くないんだ。練習というのは、試合を楽しむためにやるもんだ。スポーツは本来楽しいものだ。だから、試合を楽しくやるために、ケガをしないため、ルールを覚えるために練習する。そう先生は言った。そこでの経験は、中学時代の野球部や高校時代の柔道部で経験したスポーツとはまったく違っていた。衝撃だった。

授業ではタックルや、倒れた時のからだの守り方などの練習をやって、三回目には試合が始まった。タックルのない、タッチフット[*1]みたいなゲームだった。

ワタシは試合をするためには、何回も練習をしないとダメだと思っていたけれど、あんなに早く試合をさせてくれた。先生のいうとおり、試合は楽しかった。それで、ますますラグビーにのめり込んでいくことになった。

ワタシの最初のポジションはフォワードのフランカー[*2]（ＦＬ）だった。からだは頑丈だったけれど、足があまり速くなかった。タッチフット[*1]をやっていたら、高校時代にラグビーをしていたヤツにぽんぽん抜かれてしまう。ボール感覚はあっても、最初は役に立たなかったな。でも、相手の動きを見ているとだいたいどっちに行くかわかるので、ディフェンスの読みはうまかった。

桑原先生は、「くるみクラブ」というラグビーチームをもっていた。一九六五（昭和四〇）年、桑原先生の体育授業でラグビーを経験した学生たちによってつくられたもので、スポーツを通じた仲間づくりを大事にしているクラブだった。イギリスのラグビークラブと似ていて、「楽しい、明るい」スポーツを教える社交の場でもあった。

＊1　タックルの代わりにタッチをする、ラグビーのゲーム感覚を養う練習方法の一つ。
＊2　ラグビーのポジションの一つで、スクラムの際は第三列目に位置し、中央のナンバーエイト（№8）をはさんで左右一名ずつ配される。

やればやるほどラグビーの楽しさがわかり、そのたびにさまざまなスキルを教わった。やがてワタシはその「くるみクラブ」に入ることになった。

今でもワタシの物事の判断は、その時のラグビーのチームづくりや、桑原先生のラグビーのやり方をモデルにしている。組織論だったり、チームのもっていき方だったり。

いちばんユニークだったのは、ボール磨きやグラウンド整備は、一番ラグビーを楽しんでいる人間がやれ、という方針だった。楽しんでいる人間は四年生が一番だから、結局、四年生がボール磨きとグラウンド整備をすることになっていた。

スポーツって楽しいものだ。いかに楽しむかを考える。だから、一番楽しんだやつがそういった雑用をしようって。同時に練習はダラダラとやっても意味がない。個々の練習は自分でやってこい。みんなで集まったら、短く、集中してチーム練習をしようと。いわば、イギリス式の合理主義だった。

一年生の時、桑原先生に言われたのは、「途中で練習についていけなくなったら、それでもいいんだ」って。「力を加減しながら最後までやろうなんて考えてはいけません。今日は五分だけでもいい。次が六分になればそれでいいんです。七分、八分と増えていけばいい。とにかく最初からフルにやってください」と。

「途中で手を抜いたり、ごまかしたりする練習だけはしてはいけません。逆にあなた方が最後までついていけるような練習なら、四年生が手を抜いているのだ」。そんなことを、桑原先生は話された。

合理的な練習が多かった。鉄棒の蹴上がりや、ロープ登りなんかもやった。その後くるみクラブのラグビー寮に入ると、毎朝六時に起床して、走って、個人トレーニングをする。クラブには中央大学生だけでなく、半分くらいは他大学の学生もいた。

チームづくりも合理的だった。チームのメンバーを編成する時には、ラグビー経験者だけでチームを組ませなかった。選抜チームをつくる時も奮っていた。人間には特徴がある。ならば特徴があるチームをつくろうとした。

例えば、ワタシのポジションは一番。高校時代、柔道をやっていた。野球もやっていたから、速くディフェンスにも出られる。

二番は、高校時代にサッカーをやってきた選手。三番が、がっちりとした砲丸投げの選手を使った。四番がレスリング出身、五番はバレーボールの長身選手だった。六番が野球経験者、七番はラグビー、八番が陸上出身だった。

ところが、日本って子どものうちから同じスポーツばかりしてしまう。これじゃ伸び率が厳しい。いかに合理的に、機能的にチームが勝てるかということを考えないといけない。くるみクラブには多い時で一二チームぐらいあったのかな。ざっと二〇〇人。スポーツというのは、自分が参加しているから楽しいのであって、ずっと見学だけだったら楽しくないからやらなくていい。司法試験を受けるために勉強したければ、からだづくりのために来られる時にグラウンドに来ればいい。何事も楽しめと。

一年の最初に一〇~一二人でチーム分けしてスタートする。ラグビーは一チーム一五人だから、足りない分は他の学生を勧誘してきなさいと。チーム数だけ、キャプテンがいる。まずは自分が楽しめるポジションをつくりなさいともいわれた。練習にこいと命じることはないけれど、グラウンドにくれば必ず自分のポジションがある。チームのレベルはマチマチだった。試合は普段のチーム単位でやって、年に数回だけ選抜チームを編成する。

だいたい、あの当時としてはユニークなオールラウンド志向だった。フォワードでもバックスでも、ボールをパスし、走っていく。理想は、フォワードがバックスにボールを回して、つぶれたら、そこでバックスがフォワードの働きをする。フォワードはラインを組んで、バックスの役割を務める。あの頃は、フォワードはあまりパスしたらダメだ、手渡しだ、という時代だから。もう面白くて。

ワタシはフォワードのプロップ[3]（PR）、背番号一番のポジションだったけれど、スクラムハーフ[4]（SH）の練習をしたり、スタンドオフ[5]（SO）の練習もやっていた。バックに投げるリバースパスから、ボールをくるくると回転させるスクリューパスも練習ではしていた。当時としては斬新だった、キックでパスをするキックパスも、やった。

ラインアウト[6]ではスクリューパスでロングスローをして、相手を驚かせたりしたこともある。フォワードのナンバーエイト[7]（No.8）もやった。足を速くするためには足の回転を

＊3　ラグビーのフォワードのポジションの一つで、中央のフッカー（HO）をはさんで左右一名ずつ配され、最前列（フロントロー）を構成する「スクラムの柱」。

＊4　ラグビーのバックスのポジションの一つ。スクラムやラック、モールの際、ボールをバックス陣の攻撃につなぐ役割を担う。

＊5　ラグビーのバックスのポジションの一つ。スクラムなど密集から出たボールを最初に受け、パスや突破など攻撃を組み立てる。攻撃の起点となる司令塔。

＊6　ラグビーにおける試合再開の型（セットプレー）の一つ。タッチラインと直角に両チーム二名以上のプレーヤー（ボールを投入する側に人数決定権がある）が一メートルの間隔を空けて並び、ボールを投入するプレーヤー（スローワー）がボールを投入（スロー）してプレーを再開させる。

＊7　ラグビーのポジションの一つ。左右のフランカー（FL）とともに第三列目を組むフォワードの攻守の要となる。

速くしたほうがいいから、カンガルー革製の軽い陸上スパイクを買って練習しろとアドバイスをもらった。毎日、ラグビーの練習が終わってから、二〇メートルでいいから、二〇本、三〇本走りなさいと。

それで一〇〇メートルが一二秒台までいった。それまで一四秒台だったのに。ひたすら練習して、辛抱して、頑張って、という「スポ根」の精神論ではなく、スポーツの楽しさを教えてもらった。楽しむためにはレベルを上げる。レベルが上がれば上がるほど、楽しみもどんどん大きくなっていく。そのためには合理的な練習が必要なんだと。

組織のことについても勉強になった。桑原先生はすごくキャプテンシーを大事にしていた。二年生だけの合宿の時、ワタシはチームキャプテンをやらせてもらった。四年生の時はクラブ全体のプレーイングマネジャーもやって、選抜チームで出ていた。組織は、どうすると円滑に動いていくのか。人をどうやってその気にさせるのか。

性格のやさしいやつを厳しく怒っちゃいかん。そういう人間は褒めるのが一番いい。ラグビーがうまいやつでも天狗になっているやつには厳しくあたる。チームに一人、優秀で明るいヤツを「叱られ役」にするのがいい。その人間が叱られると、あいつでさえ叱られているのだからとチーム全体がピシッとしてくる。ワタシは、ラグビーという競技を通して、いろんなことを学んだ。

とくに桑原先生には、リーダーとしての訓練をしてもらった。二〇〇人ぐらいのメンバーをまとめると、自分に自信が生まれてくる。

ワタシが大学三年の一九七一（昭和四六）年、蔵王にくるみクラブの合宿所（蔵王クラブハウス）を建設した。その際、資金捻出のため、学生は一人、五〇〇〇円を出すことにした。当時、アルバイトが日当一八〇〇円ぐらいだったから、だいたい三日分だ。社会人になった先輩にはOBクラブへの入会金として一〇万円を出してもらった。桑原先生も随分、負担をされた。本職の大工さんは一人だけ。蔵王に土地を借りて、自分たちだけで手造りの合宿所を造り上げた。

何事もキャプテンシーを大事にしながらも、ホンちゃん（レギュラー）と二本目（二軍）の立場の差はまったくなかった。みんなの力をできるだけ引き出すことが、組織の中で一番大事な考え方だった。

そのためにもキャプテンシーは大事だった。各チームのキャプテンはしょっちゅう、桑原先生の自宅に集められ、ケーキと紅茶をいただきながら、先生の話を聞かされた。毎晩、一時間、二時間はお茶会が続く。

くるみクラブのエンブレムは、くるみを割ったような図柄になっている。くるみを割った左右対称の実を二人のチームメイトが肩を組んだ姿に見立てたデザインは、「ワン・フォア・オール、オール・フォア・ワン（one for all, all for one）」というラグビーのチームワーク精神を象徴したものだ。

そのエンブレムのごとく、スクラムを組んでいるように、力を合わせていこうとの思いが込められている。政治家になって、この考えは非常に役に立っている。

桑原先生からは今でも手紙をいただく。ワタシにとってとくに尊敬する人といったら、オヤジとおふくろと、桑原先生の三人だ。人格の基礎はオヤジとおふくろにつくってもらったけれど、組織運営や人の使い方、接し方は、桑原先生に習ったのかなと思う。

桑原先生の教えといえば、「楽しむ」こと、「自己責任」「合理主義」そして「人を大事に」である。

4

若さと情熱で新風を

政治家の夢はもち続けていた。

ワタシは中央大学四年生の時、故郷の山形出身の近藤鉄雄《こんどうてつお》衆議院議員（故人）の選挙の手伝いをした。

近藤先生が衆議院議員に初当選した一九七二（昭和四七）年のことだった。伯父からその選挙を手伝わないかと言われ、応援にいったんだ。大学を卒業したら、報道機関で仕事をしてから政治家になるか、誰かの秘書をやって政治家になるか、どうしようかと考えていた。ただラグビーばかりやって大学の単位があまりとれていなかったので、卒業は一年間、遅れると思っていた。

留年中は、中野のスイミングクラブのトレーナーをやるつもりだった。そうしたら、テストがレポート試験に変わって、卒業できることになってしまった。そうなるといくところがない。報道機関は無理だから、では秘書になろうと、近藤先生の秘書になったんだ。あのまま、中野でトレーナーになっていたら、ワタシは別の人生だったかもしれない。

近藤先生は苦労人だった。海軍軍人だったお父さんが戦死され、お母さんの手一つで育てられた。一橋大学を出て大蔵省に入り、七年間浪人して政治家になった人だ。政治パワーとか、目的に対しての集中力、執着心がすごかった。勉強になった。

すごく神経が細やかな方だった。自分の発言や記事とか、どんなに遅い時間になっても準備には手を抜かなかった。ワタシなんか、近藤先生と比べるといい加減だと思っている。近藤先生にはあまり、怒られたことはなかった。

当時は三木武夫《みきたけお》内閣の時で、三木派事務所のあった番町会館での激しいやりとりも、見せてもらった。政治の動きをこと細かに見て、政治家になる決意を強めたものだ。

政治家の面白さは、人のために働く楽しさだろう。それから一〇年近く、正確にいえば八年弱ぐらい、近藤先生の秘書をやった。一九八〇（昭和五五）年、モスクワ五輪の時には日本のボイコットがあったけれど、正直、とくに政治とスポーツの関係に深い意識はなかった。あの当時、スポーツを政策として考えるなんて想定していなかったから。

モスクワ五輪ボイコットは、国が結果的に出場断念を決めたわけだ。スポーツ関係の方々からすると、「政治とつき合うと、肝心な時に自分たちの行動が制限されてしまう」という苦い経験となった。それがトラウマとなって、スポーツと政治は距離を置くようになった。

もっとも当時、ワタシにとっては、スポーツはただ楽しいという存在だった。卒業しても、くるみクラブのラグビー寮にいて、朝六時に起きて、早朝練習をしてから、議員会館にきていた。六時に起きて、一時間ぐらいトレーニングして、七時にシャワーを浴びて、七時半から二〇分間で朝食をとって、九時までには事務所に行っていた。勉強会があれば自民党本部に八時までいた。

朝早いから、夜の会合では眠くてね。地元の山形の人と一緒に酒を飲んでつい眠ってしまって、「オマエ、何をやっているんだ！」と怒られたことも度々ある。

四～五年して、近藤先生の地元の秘書になった。その時に山形にクラブチームの「かもしかラグビークラブ」を立ち上げた。山形は「ラグビー不毛の地」といわれていたからね。ワタシが監督兼選手。東京のくるみクラブで使わなくなったボールを山形に持っていって、ジャージも自分で二〇着分ぐらい自腹で買っていった。

山形の動物といえば「かもしか」だから、かもしかクラブと名付けた。一九七七（昭和五二）年の秋が最初の試合だったと思う。やはり桑原先生式のラグビーを山形でもやりたかったんだ。

楽しかったな。みんなで基礎的なトレーニングをして、終わったら必ず、酒のみとなった。クラブって、これが大事なんだ。

桑原先生の指導で面白かったのは、ラグビーも男だけで楽しんじゃいけないということだった。奥さんや家族みんながきて楽しまなければいけない。横浜の「ＹＣ＆ＡＣ（横浜カントリーアスレチッククラブ）」をモデルにしている。

ラグビーの練習や試合が終わったら、みんなでごはんを食べたりするんだ。家族がいる者は、家族を連れてくる。付き合っている女性も連れてくる。ワタシが大学四年生の時、くるみクラブでは女子学生も楽しめるようにとテニスクラブをつくった。その後、ホッケークラブもつくられた。

くるみクラブは、ヨーロッパ型のクラブを理想としていた。あの当時ですら、クラブの集まりでは全員ネクタイをつけてきていた。学生も、学生服かネクタイ姿だった。イギリススタイルだ。

山形のかもしかクラブも同じような形だった。ある時、高校生が一緒にラグビーをやりたいと言ってきたので、高校生のための「霞城《かじょう》クラブ」をつくった。いろんな高校の生徒が集まって、ラグビーの練習をする。わざと地域単位にしたんだ。ヨーロッパのクラブみたいに。

個人的には、学校単位でなく、地域単位がいいなと思っている。

これは、くるみクラブでの一〇周年記念事業としてのオーストラリア遠征が大きかった。総勢八二人の大遠征団だった。

この時、まさにスポーツの原点は「地域スポーツ」、クラブスポーツだと感じたんだ。学校スポーツより、地域のクラブスポーツを求めるのが正しいですよ、という意識が生まれたんだと思う。

だから、くるみクラブにしろ、霞城クラブにしろ、いろんな学校の人が入ってきてOKだったんだ。

政治家になろうと決めていたけれど、最初はとくに国政という意識はなかった。まずは地域の政治に関わろうと思った。山形県の発展に貢献したい。最初は県議会議員になろうと思って、近藤先生の秘書を辞めて、一九八二（昭和五七）年に山形に戻った。

その前の年の一九八一（昭和五六）年にかみさんと結婚していた。かみさんは当時、東京で料理の仕事をしていたので、山形に行くのをいやがってね。

かみさんは真理子《まりこ》という。近藤先生の秘書をやっていた時、短期間だけれど事務所に勤めていて、ワタシの向かいの席に座っていた。妹みたいな感じだった。以前は料理学校の助手をやっていたようだ。

よくぞ、こんなわがままな亭主に我慢してついてきてくれるなと感謝している。料理の仕事をしたかったのに、むりやり、山形に連れていったんだから。選挙中もそうだけれど、生活費もなかったので、料理の本に原稿を書いて生活のタシにしていたようだ。

山形に戻って、一年間、選挙の準備を始めた。三三歳の時の一九八三（昭和五八）年、山形県議会議員に立候補した。一人区に五人が立候補した。ワタシの立候補は四番目で、周りからは「バカ。やめろ！」と言われた。家族を含めて、誰も賛成しなかった。

カネもないし、やれることは個別訪問しかなかった。毎日、五〇軒、一〇〇軒、一軒一軒、訪ねて歩いて、一緒にお茶をのんで話をさせてもらった。

最初はみんなが反対だったけれど、同級生が集まってくれて、シブシブ応援してくれた。「オマエは昔から、決めたら変わらんし、もうしょうがない」って。

同級生がワタシと一緒に回ってくれた。それから二カ月くらいして、かつて西郷という村だった地域の、一八歳から、当時の自分と同じ三二歳までの推薦署名を集めてくれた。それで村の戸数の九割方の家から署名が集まった。全部で約七〇〇戸だから、六〇〇名くらいかな。

ひたすら個別訪問をした。いや地盤培養行為というのかな。結果的にその頃の上山市全世帯約一万戸を、一・五回は回ったかな。全部で延べ一万五〇〇〇戸だ。オヤジとおふくろの教え子がたくさんいてね。それで助かった。

選挙運動で訴えたのは、「若さと情熱で上山市に新風を」だった。キャッチフレーズはイメージだよ、イメージ。選挙基盤も資金も実績もなかったけれど、若さと情熱だけはあったんだ。

それで、山形県議会議員に当選し、県議会議員を二期務めることになった。

5

スポーツ政策の原点

山形県の県議会議員になっても、最初は、スポーツを政策課題に置くという意識はなかった。

ただ山形県のラグビー協会の会長となった。ラグビーの山形県代表のプレーイングマネジャー（監督兼選手）をしながら、スポーツの楽しさを伝えていきたいと考えていた。

そうしたら、ラグビーをやるにも、グラウンドがない、施設がない、との声を聞くことになった。ちょうど一九九二（平成四）年の国民体育大会（国体）が山形県で開催されることになり、準備に入っていた。施設をどうする、強化をどうする。そういう議論が熱を帯びていたところ、高校時代の恩師が県体育協会の会長をしていたので、「手伝え」と言われて、県体育協会の理事も務めることになった。

そうしたら、一九八五（昭和六〇）年、高校野球の夏の甲子園大会で、山形県代表の東海大学山形高校が大阪代表のあのＰＬ学園高校に七対二九で大敗したんだ。ガックリした。最後にＰＬ学園高校の一塁手だった清原和博《きよはらかずひろ》選手がピッチャーをして、東海大山形打線は清原投手から何点か取ったけれど、それまでは桑田真澄《くわたますみ》投手にパーフェクトに抑えられたんだから。二人ともまだ一年生だった。ピッチャーにこんなに差があるものかと、ショックだった。

あれで山形県民が委縮した。あの試合で、県内から「山形が恥ずかしい」という声が届いた。「東京に行って、山形県出身といえない」と。「山形の高校野球をもっと強くしてくれ」とも頼まれた。

それで、ワタシは県議会で質問したんだ。「スポーツというものは、みんなをまとめる力があり、みんなの意識を高揚させる力がある。国体も近いし、もう少し、県として積極的に取り組まなければならない」と。

要するに優秀な指導者を山形に連れてきたらどうだ、と。それが山形県の高校野球が強くなるきっかけになった。

スポーツで大切なのは指導者だから。その後、ノンプロの監督を県の高校の指導者に連れてきたりして、少しずつ、高校野球の力が上がっていったんだ。

その結果、昨年（二〇一三年）の夏の甲子園で、日本大学山形高校がようやくベスト4に入った。本当に嬉しかった。

やっぱりスポーツは強くないといけない。スポーツには影響力があって、県のスポーツが強ければ、山形県民が自信をもつことができる。山形は経済的にも全国で低いほうだ。同時に三世代同居率が高く、女性の働く比率が全国でトップクラスでもある。

裏返せば、県民の一人当たりの所得が低いということなんだ。給与の官民格差も大きい。これは、いかに民間企業の給与が低いかということになる。県民の自信を取り戻すためには、企業政策もあるけど、そのきっかけをスポーツでつくることができる。もちろんスポーツ政策には健康も関係している。

自信が生まれれば、いろんな形でスポーツ振興もできることになる。まさに好循環になるんだ。

あとで国会議員になって、スポーツ基本法をつくった時、それまでは普及と強化、どっちが先だという不毛の議論があった。

理想をいえば、普及を進めて、多くの人々がスポーツを楽しむことによって、その中から優秀な選手が生まれ、トップになったり、優勝したりするのがいい。ただ、理想はそうだけれど、普及を促進させるためには、何かインパクトがないとダメなんだ。そうじゃないと普及できない。スター選手がいないと普及もなかなかうまく進まない。だから、優秀な選手を強化して、その選手が憧れの存在になったり、子どもたちのモデルになったりするのが先決なんだ。

それで人々の関心が高まって、ようやくすそ野がぐんと広がっていく。普及を優先することは理想論だ。現実はトップスターやトップチームをつくって、まずは強化を進めていくことが大事なんだ。

当時は山形でスポーツといったら野球だった。だから、野球を強化していくことが、山形県民にとって大きな力になると感じた。

あの東海大学山形高校の甲子園での大敗をきっかけに、初めてスポーツを政策として考えるようになった。だから、「スポーツのチカラ」を政策に生かしていくようになったのは、あの大敗が原点かもしれない。そして、あの東海大学山形高校も強豪に育っている。

県議会議員としていろいろと活動したけれど、最終的な政策は国がつくってしまう。いくら県で「あれやろう」「これやろう」と言っても、国から「制度的にできません」と言われると手の打ちようがない。

だから、スポーツ政策をつくるためにも、国政にいってやるしかなかった。国レベルの力がないとどうにもならない。だから、県議会議員を辞め、国政に打って出ようと思った。

一時期、衆議院議員の近藤先生の議員秘書をやっていたから、衆議院議員選挙に出るわけにはいかないと思い、参議院議員の公募に手を上げた。落選した。それから、地元選出の衆議院議員（当時）の加藤紘一《かとうこういち》先生や山形県知事（当時）の板垣清一郎《いたがきせいいちろう》さんに、「オマエは参議院より衆議院向きだ」と言われて、一年くらいいろいろ考えて、衆議院でいくことにした。一九九〇（平成二）年、衆議院議員総選挙に旧山形一区（定数四）から出馬したが、六位で落選した。

参議院と衆議院の違いはというと、衆議院議員は「代議士」と呼ばれるくらいだから、有権者との距離が近くて、有権者の意見を代弁する国会議員なんだ。

参議院議員は、「代議士」とは呼ばれない。全体をみて、選挙やいろんなことにはあまり左右されず、じっくり時間をかけて政策を遂行していく国会議員となる。

だからなおさら、衆議院議員は地べたに這って、庶民の目線で国政をみることがより大事となる。代議士の「代」は人に代わっての代、「議」は議論の議、「士」は資格を持つ人。だから、代議士は、「代わってしゃべる人」という意味。

つまり、より民意を反映するのは衆議院なんだ。ワタシは現場第一、たたき上げだから、衆議院に向いているといわれたんだろう。

自分も、もともと人のため、地域のため、いろんな課題を解決していって、地域がより豊かになることを目指している。地域の人々を幸せにするため、政治家人生をスタートさせたので、天下国家から山形をみてというより、山形をよくすると日本がよくなると思っている方だった。

そのためには、社会の制度を変えるしかない。国に影響力をもつしかない。そう思っていた。だから、板垣知事も、「オマエは衆議院に向いている」と言ってくれたのだと思う。最初は、落選した。九割方、難しいといわれていた選挙だった。でもね、あの時、挑戦しないとダメだった。「やるなら、今でしょ」と思ったんだ。

県議会議員に安住してしまうと、どうしても守りに入ってしまう。まだ三十代だったし、攻めている時に国政に出たいというのが、一つあった。それでチャレンジした。初めては難しいけれど、次につなげるためにチャレンジしようと。

どんな仕事でも同じだろうけれど、運不運、めぐり合わせ、タイミングというものが必ず、ある。少なくとも、受動的でなく、能動的にいきたいと思ってきた。

ラグビーの試合中の読みと一緒だ。こっちがこう動いたら、相手はああ動く。そうしたら、周りの仲間にこう動いてもらう。政治家は一人であっても、秘書やスタッフを含めて、一つのチームだから。

選挙の読みとラグビーのそれは、実際のやりかたは違っても、行動パターンは似ている。待っていてはいかん。いや「果報は寝て待て」という言葉もあるから、待っていたほうがいいこともあるけど、ワタシは「攻撃は最大の防御」で生きてきた。

運を呼び込む秘訣があるとすれば、「明るさ」と「情熱」だな。人が、その人のために手伝おうという気持ちを抱かせる能力だろう。

資金もなかった。資金はいつもないんだ。無所属無派閥だったから、毎日の選挙活動費がなくてね。それで個別訪問するしかなかった。

一九八九（平成元）年の八月二五日に県議会議員の役職を辞職して、衆議院議員総選挙に向けた準備に入った。一九九〇（平成二）年の二月に選挙があって、落選した。でも、目標得票数に近い三万五〇〇〇票は取れてね。第一歩にはなったかな、と感じた。

ただ、その後の生活が厳しくてね。選挙で借金してしまった。もう毎日の生活がなんとも回らないんだ。子どもも小さかったし。だから、毎月二〇日になると、どうやって月末の借金返済をするかの思案ばかりだった。

あの当時、何千万円かの借金があった。今はね、公職選挙法が改正されて、選挙にはあまりカネがかからなくなったけれど、当時の中選挙区の選挙に当選するには、一回二〜三億円かかるといわれていた。なぜかというと、いろんな会合は政治家自身が負担していたんだ。会場費や飲食費を含めて。

今は違う。あの当時の二〜三割の選挙資金で回る。今の選挙での出費はほとんど広告費（ポスターや宣伝ビラなど）だから。今はカネのかかる会合は一切、しないから。

当時、いろんな先輩や知人に、「是非、寄付してくれ、応援してくれ」と回ったものだ。借金で印刷費を払えない時は、「支払いは少し待ってください」と頼み込んだ。

一番苦しかったのは、その時かな。いや最初の県議会議員の選挙の時も、四月に選挙準備がスタートして、一〇月くらいには家に何百円しかなかった。かみさんが病気で入院もしたし……。病院代を払うカネがなかった。でもその後一カ月か二カ月後、情勢が優勢になったら、寄付が集まり始めるんだ。

ある時、若者連中がどっと後援会の会合に集まった。上山市でそんなに若者が集まるのは初めてのことだった。途端に、周りの対応が変わった。何回行っても会ってくれなかった旅館の旦那から電話があって、「いつ、こられるんですか」って。ある会社の社長から電話があって、「政治献金を用意したから、早くきてください」って。

県議会議員の時も苦しかったけれど、長期間苦しかったのは、衆議院議員選挙で最初に落ちた時だな。リベンジの選挙まで三年半、毎朝五時に起きて、六時頃には朝仕事をしている田畑までいくわけだ。一軒一軒……。冬でも、雪をかき分け、歩いて回った。四時間くらい、一〇時頃まで回って、農家の人には田畑や朝食時に、会社員の人には会社に行く前にあいさつをさせてもらう。その後、車の中でひとやすみだ。冷たいおにぎりを食べて、少し眠る。で、午前一一時ぐらいになると、また田畑や家や、今度は会社も回っていく。午後三時くらいになると、またひとやすみ。

夕方四時半ぐらいになると、おかあさんが幼稚園などに預けていた子どもと一緒に帰ってくる。そんな人たちに向かって話をした。午後九時か遅い時には一〇時くらいまで、地域を回った。毎日、自分にできることはそれしかない。でも、一生懸命やった。

朝起きて、苦しい時もあった。人と話をしていて眠くてしょうがない時もあった。夜中遅く帰ってきて、朝早く出かける毎日だったから。精神的に追い込まれていたこともあるけれど、自分はできるんだ、できるんだ。そう毎朝、念じていた。あとは家族の力があったから。かみさんがいた。子どももいた。

苦しくても、ワタシには信念があった。自分でなんとか地域をよくしたい。それには政治家になるしかない、という信念が。

きつい時は、人間がよく見えてくる。それまで一生懸命に応援してくれていた人が選挙で落ちた瞬間、まったくこなくなったりね。連絡しても、電話にも出てくれない。そういう人もいるけど、落ちても変わらず応援してくれる人もいる。逆に現職の時はそうでもなかったのに、落選したらやさしくしてくれる人もいる。

例えば、落選したらある寿司屋のご主人から電話がきてね、「こんど寿司組合でソフトボール大会をやるから、こないか?」って。いいんですか、って言ったら、「今まで現職だったから、オレは何もしなくていいと思っていた。でも落ちたから、応援させてくれ」って。そして、「飯が食えないなら、家族でオレの寿司屋に食べにこい。勘定は出世払いでいいから」。

やっぱり人が財産だ。苦しい時でも応援してくれる人というのは、自分が培ってきた信頼関係なんだ。それが財産だ。人はとことん大事にしないといけない。

スポーツのチカラも感じた。ワタシはラグビーをやったり、いろんなスポーツをやったりしてきた。スポーツって公平中立で、あまり選挙とか政治には関係しない。モスクワオリンピックをボイコットされたトラウマもあったんだろう。

ただ個人的に付き合えば、みんなスポーツをやっている人は共通の意識があるし、どこかでわかりあえるんだ。落選したあと、自分でソフトボールチームをつくった。事務所のスタッフを鼓舞するために。事務所の人間の一体感も必要だから。そのチームではワタシがピッチャーで四番バッター。それは職権でね。

ソフトボールを通した人とのつながりも大事にさせてもらっている。今も年に一回、何十チームかが集まって、ソフトボール大会を開いているんだ。

スポーツをやっている人の組織は中立で、他からの介入を嫌うけれど、スポーツを通じた信頼感、仲間意識は強いものがある。これも「スポーツのチカラ」なのだ。

chapter 2

第2章

スポーツ立国戦略へ走る

ロンドン五輪のメダリスト総勢71人が参加したパレード（2012年８月20日）。
東京・銀座の沿道にはおよそ50万人の大観衆が詰めかけ声援を送った。
（AFP＝時事）

1

スポーツ界の財源づくり

ワタシは、一九九三（平成五）年の衆議院議員総選挙で再び旧山形一区から無所属（日本新党推薦）で立候補し、三位で初当選した。

やっぱり勝負は何事も勝たないといけない、と痛切に感じた。当選した途端に人々の役に立つ仕事ができるし、応援してくれた人も喜んでくれる。選挙ってスポーツと一緒で、戦略、戦術が必要だと思う。組織で戦うわけだから、スポーツ同様、「一体感」が大事な要素となるわけだ。

勝因は、多くの人々に接したことだ。家族がいたことだ。日本新党ができて、新しい時代の流れに乗ったこともある。それまでの政治に対し、変革を求める機運があったと思う。当時、ワタシは四三歳。他の立候補者は五〇～六〇歳台だったから、新鮮さが政治を変えるという、新たな時代のリーダーとして、みなさんが評価してくれたのかもしれない。

既成政治にとらわれない新しい政治。二世議員でもないし、もともと基盤らしいものはなかった。団体や企業が応援してくれないのだから、住民参加の政治をやっていこうと考えていた。

まだまだ山形のインフラ整備は遅れていたから、最初は地元の事業を課題としてやり始めた。インフラ整備が政策課題だな。それと農業。鋳物などの伝統技術。どちらかというと、政策的にスポーツとは全然考えていなかった。最初の何年かは、建設と教育と農業、この三つをテーマにして活動した。

国会議員としてのスポーツとの最初の関わりは、サッカーくじ（スポーツ振興くじ：toto《トト》）の時かな。成立過程の一九九七（平成九）～九八年の時、自民党の国会対策委員会の副委員長をやっていた。

サッカーくじの根拠法（「スポーツ振興投票の実施等に関する法律」）は一九九八年五月一二日、成立した。ワタシが国会対策委員会を担当していた頃、たまたま逢沢一郎《あいさわいちろう》先生（現衆議院議員運営委員長）が、「遠藤、こんど日本がサッカーのワールドカップに出ることになったから、サッカーくじ、なんとかならないか。オマエが担当だ」と言ってきた。

前々から、森喜朗《もりよしろう》先生（元内閣総理大臣）や麻生《あそう》太郎《たろう》先生（元内閣総理大臣）がずっと進めてくれたんだけれど、いろんな問題があって、まだ実現していなかった。そこで、やれといわれて、やることになった。最大の課題は、自治省（現総務省）が「宝くじ」のジャマになるからと反対だったこと。それにＰＴＡが子どもたちの射幸心《しゃこうしん》をあおると反対していたんだ。

この二つの壁があって進まなかった。まず、子どもたちの射幸心をあおるという恐れは、くじの中身の問題だから、一八歳以下はくじを買えないとか、コンビニエンスストアでは買えないとか、いろいろと制限をつけた。今は、コンビニで買えるようになったけど。

それと、反対をやわらげるため、利益の配分を変えて、大蔵省（現財務省）、文部省（現文部科学省）、自治省にそれぞれ三分の一の財源になるようにした。「三方一両損」みたいに。いや「三方一両得」かな。

当時、文教委員会の理事だった田中真紀子《たなかまきこ》さんも反対していた。それで理事から解任され、代わりにワタシが入ったんだ。その後、サッカーくじ導入が決まった。それから、何年間か、田中真紀子さんにあいさつをしてもらえなかった。その後は、仲良くさせてもらったけどね。

あの時つくったサッカーくじの財源が、スポーツ界に役立っている。ワタシは、サッカーくじに三回、関わっている。一回目は導入の時、二回目が文部科学副大臣になった時だ。売り上げがどんどん減ってきて、スポーツ界への配分が何千万円しか出なくなった。

毎年、借金ばかりが増えて、もう解散しかないか、となった。解散したら、二七〇億円くらいの借金はどうする。それで頭を痛めた。教育予算から借金を返済したら、教育のカネをバクチの穴埋めに使うのかと批判されるに決まっている。スポーツ振興基金はスポーツ目的のカネだから、それを取り崩して返すしかないとワタシは覚悟を決めた。

ただし、その前に最後の大勝負をやろうかとなった。ワタシは宝くじが好きで、ずっと買ってきた。高額賞金の時はなおさらだ。では、サッカーくじの当せん金を上げたらどうだろう。「五億円にできないか」と担当者に聞いたら、「できない」と言われてガッカリした。「でも六億円にならできます」と言われた。それが「ＢＩＧ《ビッグ》」の「キャリーオーバー」だった。何でも、こういう仕組みは三億円のあとは六億円になるそうだ。よし、それで勝負していこうとなった。

もちろんワタシだけでなく、周りも協力してくれたから、「ＢＩＧ」の「キャリーオーバー」が生まれた。キャリーオーバーで六億円が出て、とたんにサッカーくじが売れ始めた。その結果、売り上げが伸びて、スポーツ界への配分も多くなったんだ。

三回目は、二〇一四年から国立競技場（霞ヶ丘競技場）を建て替えることになり、その財源をなんとかサッカーくじから回せないかとなった。そのため、サッカーくじの売上を増やすためのプロジェクトチームの座長になった。いろいろと考えて、サッカーのＪリーグが休みになる一～二月も継続してサッカーくじができる方法はないかということになった。他の競技ではダメか。でもラグビーはプロでないからダメ。相撲もプロ野球もゴルフも運営上ダメとなった。

中国や韓国のくじは他国のサッカー試合を導入しているようなので、日本も外国のサッカーの試合を対象にできないか。それで、二〇一三年一〇月の法改正により、海外サッカーも対象とすることが可能になった。

だいたい、スポーツ関係の問題を解決する時には不思議といつも担当者になっている。めぐり合わせかもしれない。

今、文化政策の予算はざっと一〇〇〇億円だ。スポーツは二五〇億円くらいしかない。約四分の一だ。それでは少ないだろう。

スポーツの強化や振興にはおカネが必要なんだ。施設を造り、選手の活動を支え、いろんなランニングコスト（運営費）をサポートするためだ。今の日本のスポーツの最大の弱点は多くをボランティアで運営していることだと思う。

ボランティアってありがたくて尊いけれど、往々にして無責任体制になる時もある。日本サッカー協会（ＪＦＡ）がうまく運営されているのは、会長を含めて、役員、スタッフが有給だからではないか。責任もはっきりしている。

日本の場合、スポーツは遊びからスタートしているため、選手個人や企業が努力して、いろんな団体もボランティアで頑張ってきたけれど、カネ集めには苦労してやってきた。基本は、時間があればやる、カネがあればやるのボランティア精神だ。いいことではあるけれど、見方を変えれば、そこが日本のスポーツ界の弱点だと思っている。

二〇一三年末に発覚した日本フェンシング協会の不正経理[*1]の問題にしろ、財源さえしっかりしていれば、ああいう事件を起こさなくてよかったんだ。やっぱり、そういう意味でカネは大事だし、国内競技連盟（National Federations：ＮＦ）をしっかりさせるためにも、財源がしっかりしてないと円滑に運営できない。役員の責任体制をしっかりさせるために

＊1　日本フェンシング協会が行っていた「メダルポテンシャルアスリート育成システム構築事業（平成二四年度）」での経理処理に不正が発覚し、さらに、海外遠征の際に選手が実際には受領していない金額の領収書作成が慣例化していたことが判明した不祥事。

も有給がいいんだ。有給で体制をつくるべきだろう。

意図的に悪いことをしている人はほとんどなく、なんとかうまく競技連盟を運営したいと思ったからだろう。自分の利益のためにやっているわけじゃないけれど、どうみても不正行為には違いない。

しっかりした形の体制をつくり、有能な人たちに活動してもらうためには、その競技団体がカネを持っていないといけない。国が予算を出せないのなら、サッカーくじで、少しでもいいから助成していく。スポンサーなどでカネを生み出すのはいいけれど、国として自主予算を確保していくのも大事なんだ。

そういった意味でも、サッカーくじはスポーツ界にとって大事な財源だ。スポーツ界が強くなればなるほど、国も予算を出しやすくなるはずだ。

2

遠藤リポート

いよいよ、この本の主題、スポーツ基本法の話だ。

二〇〇六（平成一八）年九月、安倍晋三《あべしんぞう》内閣総理大臣が誕生、第一次安倍内閣が発足した。ワタシは文部科学副大臣になった。

もともとスポーツには関心が高いし、自分でもスポーツをやってきた。国会議員のラグビーチームでプレーしていたし、スポーツ議員連盟のメンバーでもあった。文部科学副大臣になった際も、スポーツ担当になった。

その頃、ワタシはスポーツ界の状況に危機感をもっていた。日本のスポーツは企業や指導者、選手個人の頑張りにずっと支えられてきたが、経済状況が悪くなり、企業がスポーツの分野からどんどん手を引いている。

いろいろな人から、「国がもっとスポーツ界を支援してくれないか」との言葉をもらっていた。国が前面に出てスポーツ界を支援しないと、どうなってしまうんだろうって。国がなんとかしなければと思っていた。

その年のトリノ冬季五輪では、国民から随分期待されていたのに、フィギュアスケートの女子シングルで荒川静香《あらかわしずか》選手が金メダルをとっただけに終わってしまった。カーリングも、スキー・ジャンプも、ショートトラックも、次から次と負けてしまった。荒川選手の金メダルでメダルゼロの惨敗は免れたけれど、もったいないというか、残念というか。

なんでだろう、と考えた。やっぱり「スポーツのチカラ」を生かすためには、スポーツ政策をしっかり考えないといけないのではないか。強化の仕方や、スポーツに対する戦略性が必要なのではないか。

もう国がなんとかしなければ。でないと、せっかくこれだけの多様な力を持ったスポーツ界がどんどん停滞していくことになる。民間企業やボランティア指導者だけに任せていていいのだろうか。

スポーツというのはどうすれば振興できるのか、強化できるのか、そのための考えをきちんと整理したいなと。まずは自分の頭を整理するため、正式な文部科学省の懇談会ではなく、副大臣の私的な懇談会を立ち上げることにしたんだ。

日本スポーツ振興センターに勝田隆《かつたたかし》さんという有能な人がいる。元は埼玉県の先生だったんだけど、山形県の国体に向けたラグビー強化のために呼び寄せて、いろいろと助けてもらっていた。それで勝田さんに声をかけて、誰か適任者はいないか、と探してもらった。そうしたら、日本オリンピック委員会（JOC）理事の河野一郎《こうのいちろう》さん（現日本スポーツ振興センター理事長）を紹介してくれた。それが河野さんとの幸運な出会いだった。

役所は最初、全然乗り気じゃなかった。一九八〇年モスクワ五輪ボイコットのトラウマがあったせいか、国は若干のカネは出すけど、積極的にスポーツ振興をどうこうするという発想はあまり持っていなかったようだ。それもあって、私的懇談会になったんだけれど。

二〇〇六（平成一八）年一二月、ワタシの私的諮問機関として「スポーツ振興に関する懇談会」を設置した。メンバーは、河野さん、勝田さんほか、日本アンチ・ドーピング機構（JADA）専務理事兼事務局長の浅川伸《あさかわしん》さん、JOC情報・医・科学専門委員会委員の久木留毅《くきどめたけし》さん、和久貴洋《わくたかひろ》さん、JOCアスリート委員会副委員長だった女子柔道の田辺陽子《たなべようこ》さんだった。

懇談会では、その年の一二月から翌〇七（平成一九）年七月まで、合わせて一一回の審議を重ねた。シドニーオリンピックパークや国内の競技センターなどの現地調査や、専門家を招いてのプレゼンテーションもしてもらった。スポーツ担当の副大臣として出張費は出してもらえるけれど、それ以外は自費で賄った。会議の際の弁当代も自費だった。

なぜ、そこまでするのかって？　やっぱりスポーツが好きだからだろうね。好きだからこそ、スポーツをもっともっと広めたい。日本のスポーツのトップ選手たちに世界の舞台で活躍してもらって、日本全国の人々に自信を取り戻してもらいたい。そんないろんな思いがモチベーションだった。

政治家はみな、根っこでは同じだと思う。周りからは、「自分のためだ」「カネのためだ」とよくいわれるけれど、とくにスポーツや教育をやっている政治家はロマンがないとやっていられない。文化もそうだ。スポーツ政策をやっても、票にはつながらないといわれる。せいぜい名誉があるかどうか。でも政治家としてのロマンなんだ。

夢なんだ。道路を造るのだって原点は夢があるからだよ。道路整備をして、その街を発展させたいと。

話を「スポーツに関する懇談会」に戻す。苦労の結果、二〇〇七（平成一九）年八月、「スポーツ立国ニッポン――国家戦略としてのトップスポーツ」と題する報告書を作成した。巷で「遠藤リポート」と呼ばれるものだ。結論としては、「国家として取り組む以外に、世界のトップスポーツの中で日本が成功する道はない」ということだった。
総論として、「いま、なぜ国家戦略なのか五つの理由」を出した。こうだ。

①国際社会における真の先進国「日本」の「国力」と「プレゼンス」を高めるために。
②国際競技大会を通じた国家の安全保障・国際平和への貢献のために。
③国民の健全育成のために。
④国内経済の活性化のために。
⑤変わりゆく世界のトップスポーツに対応するために。

国内経済の活性化というのは、スポーツを通じて地域おこしをしたり、オリンピック・パラリンピックなど、国際総合競技大会を招致することで、経済が動いていくことになるということ。

最後の⑤がまさに戦略論だ。どうしたら強いスポーツがつくれるのか。本当はエリートスポーツと書きたかったけれど、日本ではエリートという言葉に抵抗があるので、トップスポーツという表現にした。

トップスポーツに関する議論をすると、普及と強化がいつも喧嘩になる。どちらも大事なのに。

トップスポーツを強化して、子どもたちにスポーツへの憧れをもってもらう。ソチ五輪メダリストの羽生結弦《はにゅうゆづる》選手（フィギュアスケート）、葛西紀明《かさいのりあき》選手（スキー・ジャンプ）、竹内智香《たけうちともか》選手（スノーボード・アルペン）……。それが結果的に普及につながる。そしてまた、強化につながっていく。

「どうやったら、日本のスポーツを強くできるか」ということをきっかけとして、「スポーツ振興に関する懇談会」をつくり、選手強化やスポーツ振興の地盤づくりの準備を始めようということになった。ポイントは、スポーツのプレゼンスをどのようにして高めるのか。そのためには、裏付けとなる法律が必要ではないか、となった。

まずは一九六一（昭和三六）年にできて、五〇年近く改正されずにあった「スポーツ振興法」を改正することが先決だ、となった。スポーツ振興法には、プロの概念もなかった。「女性スポーツ」「障がい者スポーツ」「アンチ・ドーピング」といった考えもまったく入っていない。

スポーツ振興法は東京オリンピック（一九六四〈昭和三九〉年）をするために急いでつ

くった法律で、今の時代にはそぐわないものになっていた。

この懇談会の報告書（遠藤リポート）が、スポーツ政策を考える時の「バイブル」みたいなものとなっている。これがスタートだ。

「結論」にはこう、まとめた。


国家を代表し、国際競争の場に立つトップアスリートの活躍と成功は、真の先進国「日本」としての国力、国家アイデンティティー、プレゼンスを高めるとともに、国際平和に大きく貢献する。

また、国民の健全育成（健康・体力の増進、スポーツ振興、日本人・国民への強い同胞意識）、国内経済の活性化へも寄与するほか、国家および国民にとって非常に有意義・有益である。

このようなトップスポーツの意義や価値を大前提として、トップスポーツの育成・強化は国の責任で行うべきあること、また国家予算を十分に投資すべきであることを提案する。


その上で、国家が取り組む施策を「提言」として出した。重要な部分は次の通りだ。

1. 組織体制の整備

①スポーツ省（庁）の設置

「スポーツ省（庁）」を設置し、「スポーツ担当大臣」を配置する。国家がスポーツに対して最終的な責任をもつことを明確にし、現在、複数の省庁が行っているスポーツ行政を一元化する。

②日本スポーツコミッションの設立

日本のスポーツ界全体を統括し、スポーツ振興の施策・事業を執行する機能を有する組織として、「日本スポーツコミッション（仮称）」を設立する。この組織は、我が国のスポーツ振興の施策・事業の執行に対する全責任をもち、その結果に対する評価を受ける。

③スポーツ情報戦略局の設置

我が国のスポーツ政策・施策の立案および遂行を支える情報機関として、「スポーツ情報戦略局（仮称）」を設立する。このスポーツ情報戦略局を頂点とし、各関係機関に情報戦略セクションおよび情報戦略スタッフを設置・配置し、「情報戦略コミュニティ」を確立する。

2. 新スポーツ振興法の制定

一九六一年に制定された「スポーツ振興法」には、国の責務を明確にしている条項がない。また、法律制定から四六年が経過し、この間、社会状況、国民のスポーツに対するニーズ、世界の国際競技力の状況などが著しく変化している。

このため、「新スポーツ振興法」を制定し、国がトップスポーツ／トップアスリートの育成・強化に果たす責務を明文化するとともに、現在のスポーツを取り巻く状況を踏まえて必要な施策を規定する。

3. 財政基盤の確立

真の先進国が備えるべき国力として、文化力とスポーツ力は同等、両輪である。国の責務が明記された「文化芸術振興基本法」（二〇〇一年）および「文化芸術の振興に関する基本的な方針」（二〇〇二年）を受け、文化庁予算は二〇〇三年度に一〇〇〇億円を超え、また、国の一般会計に占める文化庁予算の割合は二〇〇六年度予算で過去最高の〇・一二％を占めた。

これまで論じてきたように、トップスポーツは、真の先進国の国力において重要な要素の一つであり、文化芸術と同等である。しかし、二〇〇七年度のスポーツ関係予算をみると一八〇億円という現状である。

我が国の国際競技力の向上を図り、真の先進国「日本」としての国力を備えるためには、当面の目標として文化庁予算と同等の一〇〇〇億円をスポーツの育成に投資する。

将来的には、フランスが文化振興策に国家予算の一%を投資しているのと同様に、国家予算の一%（八〇〇〇億円）の投資を目標とする。

3

新スポーツ振興法制定プロジェクトチーム

スポーツ振興に関する懇談会で「スポーツ立国ニッポン――国家戦略としてのトップスポーツ」と題する報告書はつくった。

問題は、このレポートをどう実現していくのか、だった。まずは裏付けとなる新しい法律が必要だ。時代にあった法律をつくろうじゃないか、とワタシは思った。

具体的な施策はスポーツ庁をつくって、そこで実際の政策運営をしていこう。スポーツ庁をつくるというのはいいけれど、「行政改革」のご時世だから国民にはまだまだ抵抗があるだろう。

みんなにその気になってもらうためにはどうすればいいだろう。そうだ、オリンピック・パラリンピック招致がある。招致活動が盛り上がれば、国民がスポーツに関心をもってくれる。スポーツ庁設置もインパクトがあると、気運が高まってくるかもしれない。

そこで二〇一六年東京オリンピック・パラリンピック招致を頑張ろうとなったんだ。当初はオリンピック・パラリンピック招致が目的だったのではない。オリンピック・パラリンピック招致が、スポーツ基本法やスポーツ庁など、スポーツ政策を進めるための効果的な一つの手段だと思ったんだ。

順番からいえば、まずは法律だ。誰がそれを動かすのかといえば、今の文部科学省のスポーツ青少年局だけど、スポーツ関連の施設が国土交通省で、スポーツビジネスは経済産業省、障がい者スポーツは厚生労働省の管轄になっている。一体性がないので、これを統括する組織が必要だと思った。

それには、スポーツ庁しかない。当初はスポーツ省を構想していたんだけど、行政改革の中では、新しい省をつくるのには絶対反対という人たちが出てくる。「みんなの党」は、最初は絶対ダメだった。そこでやむを得ず、スポーツ基本法の中の「附則」として、書き加えることにした。

一年間かけて「遠藤リポート」をまとめた。ちょうど文部科学副大臣を辞めたので、自民党の中にスポーツを政策として調査研究する組織をつくらせてもらうことにした。

二〇〇七（平成一九）年一〇月、自民等が政務調査会の一つとして「スポーツ立国調査会」が設置された。余談だけれど、当時は谷垣禎一《たにがきさだかず》先生（元財務大臣）が政務調査会長だったので、自転車好きの谷垣先生にスポーツ立国調査会をつくりたいと言ったら、「自転車を入れてくれるならいいよ」と冗談で言われたんだ。

その後、森先生に「先生、これどうですか？」と聞くと、「遠藤、それはいい」と賛同してくれた。「オマエが会長になるのか？」「いや、違います。調査会の会長って、大臣経験者でないといけませんから」。う〜ん、ちょっと待っていろ、と言われて、森先生が提案されたのが、麻生太郎先生（元内閣総理大臣）だった。「麻生でどうだ」と。

実は、その前の自由民主党総裁選挙（二〇〇六年）で、安倍、麻生、谷垣各先生が候補者になった時、ワタシは谷垣先生の選挙対策事務局長として、麻生先生ともばんばん戦っていた。

だから、「ワタシからは頼めません」と打ち明けると、森先生は「よし、わかった。オレが頼んでやる」と言ってくださった。その後本会議場にいたら、森先生に呼ばれて、「麻生から了解もらったから。今、（麻生先生は）あそこにいるから、自分で頼んでこい」と言われたんだ。

自由民主党総裁選挙で戦ったあとだから、ワタシはやりにくいと思ったけれど、もうしょうがなかった。麻生先生のところに行って、「お願いします」と頼んだ。麻生先生はニヤッとして、引き受けてくれた。やっぱりスケールが違った。

こうして、「スポーツ立国調査会」は、麻生太郎会長、ワタシの事務局長でスタートした。森先生には最高顧問になっていただいた。

と同時に、法律改正のためのチームが必要だということで、麻生先生が会長で、ワタシが幹事長代理だった超党派の「スポーツ議員連盟」の中に、二〇〇七（平成一九）年一一月、「新スポーツ振興法制定プロジェクトチーム」を立ち上げた。

最初は河村建夫《かわむらたけお》先生（元内閣官房長官）に座長になってもらい、ワタシは事務局長となった。またスポーツを政策として専門的にやってきた人がいなかったので、河野一郎さんにお願いして、有識者による「アドバイザリーボード」をつくっていただき、いろんな方々にご意見を頂戴した。

スポーツには多くの人が個人的な関心を強くもっている。政治家だって、自分の地域で、陸上競技やどこかの競技団体の会長など、いろいろとやっている。ただ政策ととらえていなかったから、バラバラだったんだ。

全ての政党でそうだったのだから、「自民党スポーツ立国調査会」がスポーツを専門的に扱う調査研究組織としては第一号となった。

組織づくりがうまくいったのは、幸いにも、森先生と麻生先生の、自民党内における影響力が大きかったからだ。当時政調会長だった谷垣先生はワタシが個人的に親しかったから、無条件に賛成してくれた。森、麻生、谷垣各先生が協力してくれたら、あとは文句いう人はいないよ。

文部科学省も最初は恐る恐るだった。ワタシもなんとかしたいと思ってスタートしたけれど、本当にうまくいくのか、という不安があった。一九八〇年モスクワ五輪ボイコットのトラウマゆえ、スポーツ界が反発しないのか、という気持ちもあった。

文部科学省の人も、「こんなのつくって」と懐疑的だった。ある局長だって最初は冷やかでね。でも、変わった。途中から、これは面白いといって乗り出してきたんだ。役人だから内容のまとめ方がうまいんだ。こうまとめたほうがいいですよ、と、サポートしてくれるようになって、文書整理がうまくいくようになった。

ワタシにはなんとかしたいという熱意があった。役所というところは、自分たちが共感しないものに対しては夢中にならないけど、自分たちが共感すると、少々組織から逸脱していても一生懸命やる。人をどんどん巻き込んでいけたのは、要するに「スポーツのチカラ」があったからだ。影響力だよね。

スポーツってこれまであまり宣伝されてこなかった。改めて、驚いた。スポーツってこんなにチカラがあるのかと。データをみてね。各国のスポーツの動きをみて、影響力がどれほどあるか認識したんじゃないか。

役所の連中が実際、政策として議論しなかったらわからなかったと思う。漠然とスポーツってチカラがあるといわれながらも、データでこんなに影響が出たとか、利益が出たとか、各国はこうやっていますよ、というのが分かれば、役所も本格的に気がついたんだろう。何より役所は、組織をつくることが基本的に好きなのだ。

議論の中で、スポーツに関して、いろんなことが分かった。整理ができた。

アドバイザリーボードの中で、筑波大学名誉教授の佐伯年詩雄《さえきとしお》先生から「スポーツの評価って低いですね」と言われたことがある。「えっ。そんなことないと思います」と言ったら、「いや、スポーツは遊びとしか思われてなくて、スポーツをまともに議論しても、誰も相手してくれないでしょう」って。

なるほど、いわれてみたらそうか、って。政治家がゴルフをしていたら、「何遊んでるんだ」と怒られるけれど、同じ遊びでも、ピアノを弾いていたら多分評価される。イメージとして、スポーツのチカラはすごいと感じていても、ワタシたちもまだ、スポーツは政策までいくものではなく、「遊びの延長」としか思ってなかったのだ。

もう一つの発見が、体育とスポーツの関係だった。ワタシは当時、学校体育とスポーツがどういう関係かの整理がついてなかった。

でも佐伯先生から、「もともとスポーツは楽しむことを原点としてあるんですよ。でも、これまでの日本のスポーツは、教育的な学校体育が先にあって、その中にスポーツが含まれているような形だった。そうではなく、本来の姿は、楽しみのスポーツがあって、そのスポーツを用いて教育するのが学校体育です」と。ワタシはまったく逆の発想だったので、驚いた。

今でも、スポーツよりも教育が上だという人がいるけど、スポーツも教育も上や下はないんだ。スポーツを用いての教育が学校体育ということだ。

もう一つは、日本のスポーツが堅苦しかったり、精神主義になったりしているのは、学校体育に武道の教えが入っていて、楽しさよりも、精神修養や教育的側面が強いのだ、と。そういう教育的な学校体育なら国がカネを出すべきだけれど、ただの遊びの延長なら、国がカネをスポーツに出すのはおかしいという考えがあった。スポーツの持つチカラは分かっていても、国が支援するには二の足が踏まれてきたということだった。

だから、スポーツへの支援がなかなか進まなかったのだと思う。そのため、活動資金も多くは個人や企業が担ってきた。それでは、もうダメなんだ。文化・芸術と同じく、スポーツ政策も遊びから脱却しないといけない。

4 スポーツ基本法成立へ

ワタシは、スポーツ振興法を変えるとすれば、議員のプロジェクトチームが必要だと考えた。二〇〇七（平成一九）年一一月、超党派のスポーツ議員連盟に「新スポーツ振興法制定プロジェクトチーム」が設置された。

つまり、自民党は「スポーツ立国調査会」、スポーツ議員連盟は「新スポーツ振興法制定プロジェクト」と、同時並行で進めていったんだ。自民党は「遠藤リポート」をたたき台とし、全体的な政策を考える。スポーツ議員連盟では、改革の第一歩となる法律をつくっていくことになった。

以後、一五回、審議を重ねた。有識者のアドバイザリーボードも設置し、こちらは九回にわたり議論を続けたことになる。

二〇〇八（平成二〇）年六月、自民党の政務調査会の「スポーツ立国調査会」で「スポーツ立国ニッポンを目指して――国家戦略としてのスポーツ」(中間報告) を発表した。骨子は次の通りだった。

戦略一・競技力向上に国を挙げて取り組む
戦略二・国際競技大会の招致に国として積極的に取り組む
戦略三・地域のスポーツ環境の整備を支援する

さらには、「新スポーツ法の制定」「スポーツ省(庁) の設置」「スポーツ予算の拡充」といった取り組みを示した〔『現代スポーツ評論』26、二〇一二年〕。

二〇〇九 (平成二一) 年四月、スポーツ議員連盟のアドバイザリーボードが「答申」をうまくまとめてくれた。スポーツの価値を明確にし、国の責任で、国家戦略として、地域づくりや国際化を推進すべきだ。スポーツを通じた地域おこしや国際貢献をしよう。スポーツはそういうものだよ、と。国際的にも、日本がスポーツの価値をしっかり認めているとアピールするためにスポーツ庁をおくべきだって。

スポーツに関する新法の内容検討に際しては、次の三点を考慮する必要があるとしている。

①国家戦略としてのスポーツの位置付け

スポーツを総合的な「国家戦略」として位置付け、今日的課題の解決にとどまることなく、将来のわが国の国際社会での存在意義や国際社会におけるスポーツの意義を見据えた、国際的なモデルとなる新法とする。

②国の責務の明記

国のスポーツに対する責務を新法に明確に記載する。その際、スポーツに関する国および地方公共団体の責務を明確化するとともに、義務規定を記載し、スポーツが人類にとって普遍的価値、公共性、公益性などを備えているとの認識を明確にする。

③所轄組織としてのスポーツ省（庁）の設置

新法で示される理念が確実かつ効率的に実行されていくためには、「国家戦略としてのスポーツ」の位置付けを踏まえ、現行の省庁組織の枠組みを超えた責任を権限をもって、スポーツに関与する省庁横断的な機能をもつスポーツ省（庁）を設置することが必要である。そのためのスポーツ関係組織の拡充・強化を図る必要もある。

なお、理念の実現に向けては予算的裏付けが不可欠である、とも書かれている。さらには、スポーツ振興法を全面改正して「スポーツ基本法（仮称）」の制定が提言された。それを受けて、超党派による「新スポーツ振興法制定プロジェクト」で概要もまとまった。二〇一六年東京オリンピック・パラリンピック招致が本格化していた頃だ。

麻生先生が内閣総理大臣を務めている時（二〇〇八〜〇九年）、内閣官房長官だった河村先生から、「遠藤くん、スポーツ担当補佐官になる気はあるか？」と聞かれた。スポーツ庁設置準備のためのポストだった。

驚いた。ワタシはその時、農林水産常任委員会の委員長をやっていたから。近く衆議院議員総選挙があるというタイミングだった。それで「いや、それは」と躊躇したんだ。

森先生からも同じような話をいただいた。かみさんとも相談した。選挙に有利か不利かでいえば、選挙区が山形だし、農林水産のポストがいいに決まっている。でも、かみさんから言われた。「おとうさん、ずっとスポーツやってきたんだし、逃げるわけにはいかないでしょ」と。それで、河村先生に「お受けします」と答えた。そうしたら、自民党内から、「選挙間近だから、財政緊縮で行政改革をしようという時に新しい組織（スポーツ庁）をつくるのは具合が悪い」という反対があって、この話はダメになってしまった。

それならなんとか早く裏付けとなる法律をつくろうということになった。スポーツ基本法をつくって、その中にスポーツ庁設置の必要性を書いてくれという要望もあったからだ。

概要はすでにまとまっていたから、あとはそれを基にそれぞれの政党が議論して、スポーツ基本法案を出すつもりだった。もうじき選挙だから、早く出してくれと各党にお願いしたけれど、なかなか他の党が動かなくて……。当時の民主党内でも議論が進まず、結局、自民党と公明党とでのとりまとめとなった。

民主党の本音をいえば、衆議院が解散すれば自分たちが政権をとるから、民主党には自分たちが政権をとってからでもいいという思いがあったのかもしれない。あるいは、民主党の中で本当にそこまで煮詰まっていなかったのかもしれない。

よく自公案は「トップスポーツからトップダウンしていく方向」で、民主党案が「地域スポーツからボトムアップしていく方向」といわれたけれど、そんなことはなかった。超党派のスポーツ議員連盟「新スポーツ振興法制定プロジェクト」で概要をまとめた時点では全党が一緒になってつくったのだから。

さらに、自公案はトップスポーツから書き出し、民主党案が地域スポーツから書き出しているからといわれたけれど、実は自公案も地域スポーツから書いてあった。あえていうと、トップスポーツと地域スポーツ、どちらを前面に打ち出すか。理想論と現実論の違いだった。これは何回か説明してきたけれど、もちろん両方とも大事だ。ただワタシたちは、地域スポーツを普及させるためにはまず、トップスポーツの充実が必要ではないか、ということだったのだ。

しょうがないから、自民党と公明党でスポーツ基本法の原案をつくった。二〇〇九（平成二一）年七月、自公で「スポーツ基本法案」を国会に出した。でも直後に衆議院が解散されたため、審議されずに廃案となった。

同年八月、衆議院議員総選挙が実施された。厳しい選挙戦だったけれど、ワタシは比例復活により五選を果たした。しかし政権は、自民党から民主党に移った。

同年一〇月、二〇一六年オリンピック・パラリンピックの開催地にリオデジャネイロ（ブラジル）が決まった。東京は招致に失敗した。

二〇一〇（平成二二）年六月、自民党と公明党が「スポーツ基本法案」を一部修正し、国会に提出。その年の八月、文部科学省が日本のスポーツ政策の基本的方向性を示す「スポーツ立国戦略」を策定した。

二〇一一年三月一一日。あの東日本大震災が起きた。ワタシは震災が起きた瞬間、ちょうど自民党の総裁室にいた。

二〇二〇年オリンピック・パラリンピックの東京招致もあって、森先生が必死になって、石原慎太郎《いしはらしんたろう》東京都知事（当時）に再び東京都知事選挙に立候補するよう口説いた。オリンピック・パラリンピックを東京に招致したい、ひいては国立競技場を建て替えたい。

石原知事が、ついに再度の立候補を決断したのが震災の前日だったと聞いた。三月一一日の午後二時三五分から、石原知事が都庁の本会議場で東京都知事選挙への立候補を表明することになった。その後午後三時から、石原知事が立候補の記者会見を開き、それを受けて、自民党総裁（当時）の谷垣先生が会見する予定だった。

だから、総裁室に谷垣先生とワタシ、幹事長室には石原伸晃《いしはらのぶてる》自民党幹事長（当時）が待機していた。ワタシは谷垣先生の記者会見の原稿を手伝うため、一緒にいたんだ。

で、午後二時三五分、テレビを観ながら、石原知事が立候補を表明した途端、隣の幹事長室で石原幹事長がうわーっと喜んで、すごく盛り上がった。すぐに、石原幹事長が総裁室に入ってこられて、一緒に石原知事の記者会見を観ようとなった。

三人でいろいろと話し、さて記者会見ではどんなことを話そうかと話していた時、ぐらぐらぐらと部屋が揺れ出した。午後二時四六分だ。あとはもう、東京オリンピック・パラリンピック招致のことは吹っ飛んだ。ワタシは総裁付きだから、ずっと総裁室にいて緊急の対応をすることになった。午後三時には記者会見を開き、ワタシが「東日本大震災の対策本部をつくります」と発表した。あとは朝から晩まで、さまざまな対応に追われた。もうオリンピックは関係なくて、野党であっても、どう民主党政権の震災対応に協力するかって。大連立の話も出てきたんだ。山形に帰ることができたのは、震災から二週間くらい経ってからじゃなかったかな。

震災の対応の際、スポーツに関してどうこうという意識はなかったけれど、いろんなスポーツ選手が被災地に行って、子どもたちと一緒に遊んだり、激励したりして、スポーツの持つチカラを示してくれた。どうしても暗くなりがちな子どもたちに、明るさや、夢や、元気……。スポーツ選手たちが、子どもたちに心の安らぎを与えた。もちろん、おカネや食べ物も大事だけど、スポーツのチカラってすごいものだと感じた。

震災がスポーツ基本法成立に与えた影響はなかったと思うけれど、スポーツ選手が被災地に行ってボランティア活動をしてくれたので、抵抗もなかったと思う。震災のあと、スポーツに対する国民の共感が増した気がする。スポーツ基本法とは直接関係ないけれど、なんだかめぐり合わせだと思う。

その年の五月、民主党スポーツ議員連盟（谷亮子《たにりょうこ》会長）が「スポーツ基本法案」をとりまとめた。ワタシたちの自公案ともすり合わせる形で、スポーツ基本法案をまとめていく。これを超党派のスポーツ議員連盟の「スポーツ基本法制定プロジェクトチーム」で検討した。

このプロジェクトチームでは、民主党の奥村展三《おくむらてんぞう》さんとワタシが共同座長となった。やはり民主党政権下だから、共同でやりましょうということだった。

その時、よかったのは「スポーツ権」と明確に書き込めたことだった。当初、「権利」という言葉を法案に入れるのは、衆議院の法制局[*2]が難しいという見解を示していた。それを書くと、国が責任を負わなければいけなくなり、時期尚早だということだった。

だが法制局の見解が変わり、議員立法であれば必ずしも予算の裏付けは必要なく、「スポーツ権」と法案に盛り込んでもいいとなったんだ。さらにはスポーツ仲裁機構（ＪＳＡＡ）、選手の権利を明確に書けたこともよかった。

そして環境への配慮。この三つは、共産党なども含めてトータルで議論した中で、出てきた言葉だった。環境に配慮する、考慮する。共産党も入ってきたし、まさに超党派によ

＊2　法令案の審査・立案や法制の調査をする国家機関。議会立法を助けるため国会各議院（衆議院・参議院）と、内閣に設置されている。

る全会一致の議員立法となったんだ。

スポーツ議員連盟の総会で「スポーツ基本法案制定プロジェクトチーム」のスポーツ基本法案を了承し、衆議院八会派（民主党、自民党、公明党、共産党、社民党、国民新党・新党日本、たちあがれ日本、国益と国民の生活を守る会）共同による議員立法として、「スポーツ基本法案」が国会に提出された。

二〇一一（平成二三）年六月、衆議院本会議で「スポーツ基本法案」が全会一致で可決された。引き続き、参議院本会議でも全会一致で可決され、ついに成立した。

二〇一一年六月二四日、「スポーツ基本法」が公布され、八月二四日、施行されることになった。

〈参考〉

中村敏雄編『現代スポーツ評論』26、創文企画、二〇一二年

chapter 3

第3章

スポーツ基本法

衆議院本会議で2020年東京オリンピック・パラリンピックの成功に向けた決議採択の趣旨説明を行う筆者（2013年10月15日）。

（提供＝©産経新聞）

1

「前文」の理念

スポーツ基本法がついに成立した。この国のスポーツのあり方を規定する、新たな法律といってもよい。

一九六四（昭和三九）年の東京オリンピックの三年前、一九六一年に制定された「スポーツ振興法」以来、じつに五〇年ぶりの全面改正となったわけだ。

国会審議に際しての「提案理由説明」でこう、言った。「スポーツ振興法の制定から五〇年が経ち、スポーツを取り巻く環境や国民のスポーツに対する認識が大きく変化する中で、時代にふさわしい法を整備することは、われわれ国会議員はもとより、多くのスポーツ関係者にとっても急務の課題となっております」と。

スポーツ基本法は本文三五条と附則（七条）からなっている。

できれば、もっとシンプルに理念で勝負したかったな、という気持ちはある。基本法にしては詳細になりすぎたかな、って。

教育基本法は一八条だから。たったそれしかない。スポーツ基本法もその程度にしようと思っていたのだが、それまでのスポーツ振興法に事細かに書いてあることを、全面改定とはいえ削ることはできなかった。

このスポーツ基本法には「前文」をつけた。まずスポーツ振興法にはなかった前文を新たに規定することで、スポーツの社会的価値や意義、役割、効果などを明らかにした。理念法としてのスポーツ基本法という位置付けを明確にしたかったのだ。

やっぱりスポーツ基本法だし、基本法は何かというと、一つひとつの項目よりも、理念だから。その理念を書き込もうとなったんだ、一つひとつのコマ切れの条文ではなく、理念をきっちり書き込むべきだとなった。

一番大事なのが、「スポーツは、世界共通の人類の文化である」という言葉だ。ふつう、こういうのは書かないじゃない。でも、あえて書いた。スポーツはそれだけ、価値があるんだよってわかってもらいたかった。

スポーツは、世界共通のルールがあって、世界で一緒になってつくってきた文化だよと強調したかったわけだ。

そして、これ、「全ての人々の権利」というところだ。いわゆるスポーツ権だ。

スポーツを通じて幸福で豊かな生活を営むことは、全ての人々の権利であり、全ての国民がその自発性の下に、各々の関心、適性等に応じて、安全かつ公正な環境の下で日常的にスポーツに親しみ、スポーツを楽しみ、又はスポーツを支える活動に参画することのできる機会が確保されなければならない。

こう、うたった。簡単にいうと、すべての人々がスポーツを「する、見る、支える」こと。国民すべてというと、子どもから年配の人までのあらゆる年齢層の人、もちろん男女とも、あるいはハンディキャップのあるなしに関係なく、いろんな人々を意味している。「支える」という意味は、国や地方公共団体の予算であり、ボランティアであり、サポーターなどでもあるわけだ。

「見る」側の権利も当然、考慮している。面白かったのは「見る」で、「じゃ、家の中で酒を飲みながら、ゴロンと横になってテレビを観るのもスポーツ権なのか？」って意見が出た。まあ、そんなのはどうでもいいけれど。

この権利、最初は法制局が抵抗あるというので、「スポーツに参画する機会が確保されなければならない」という表現になっていたわけだ。でも、法制局の見解が変わって、修正して法案を出す時には、やっぱり「スポーツの権利」でいこうとなった。

憲法にある権利と一緒。このスポーツ権が一番大事。国民誰もがスポーツに接する権利がある。では具体的にどういうふうにスポーツに接することができるのか。スポーツを政策課題にしていくためには、スポーツ庁をつくるということが具体的な目標となった。

そしてスポーツは、「次代を担う青少年の体力を向上させ〈中略〉人格の形成に大きな影響を及ぼすものである」とした。「人と人との交流及び地域と地域との交流を促進し、地域の一体感や活力を醸成する……」と続けた。

スポーツはまず、地域づくりに貢献できる。さらには、国際貢献もできる、国先的地位も高まる、という。「スポーツの国際的な交流や貢献が、国際相互理解を促進し、国際平和に大きく貢献するなど、スポーツは、我が国の国際的地位の向上にも極めて重要な役割を果たすものである」。この部分だ。

これに続くところで、初めて「好循環」との言葉が出てくる。強化と普及、現実論と理想論があるけれど、まずは現実論として強化を最重要課題として取り上げていこう。これがうまく循環して普及につながり、また循環して強化につながっていく。これが循環だよ、と。これがミソだな。

普及が大事だという人がいれば、強化が大事だという人もいる。両輪というのではなく、一体となって回っているんだ。

そこで、こう書いた。

地域におけるスポーツを推進する中から優れたスポーツ選手が育まれ、そのスポーツ選手が地域におけるスポーツの推進に寄与することは、スポーツに係る多様な主体の連携と協働による我が国のスポーツの発展を支える好循環をもたらすものである。

このような国民生活における多面にわたるスポーツの果たす役割の重要性に鑑み、スポーツ立国を実現することは、二十一世紀の我が国の発展のために不可欠な重要課題である。

ここには「スポーツ立国」という言葉が出てくる。最初は「スポーツ振興に関する懇談会」で初めて「スポーツ立国」と書いたんだけれど、その後、オーソライズされて、スポーツ基本法の中にも「スポーツ立国の実現」と使った。

この法律の趣旨説明でも「スポーツ立国」と書いた。スポーツ立国とは、簡単にいえば、スポーツを通して、社会の発展と国際貢献に寄与していく。スポーツはそれだけのチカラを持っている。考え方は「観光立国」と同じだけれど、世界への貢献度からしたら「スポーツ立国」のほうがはるかに大きいと思っている。

そして、前文をこう、締めた。


　ここに、スポーツ立国の実現を目指し、国家戦略として、スポーツに関する施策を総合的かつ計画的に推進するため、この法律を制定する。


一〇〇年後もスポーツは発展しなければならない。健康づくり、規律づくり、地域づくり、もちろん仲間づくりにもなる。スポーツは多様な側面をもち、その経済力によって世界にも貢献する。

観光は、それぞれルールが違うだろう。でもスポーツはルールが同じだから、世界への波及効果が大きいわけだ。当然、世界に対する貢献も大きいし、それだけ世界の友好発展と安全保障にも役立っている。

また、「健康で活力に満ちた長寿社会の実現」にとっても、スポーツは不可欠なものであるということだ。

前文で特筆すべきは、「生涯スポーツ」、あるいは「地域スポーツ」とトップアスリートの強化との関係を「好循環」というキーワードで示したことだ。

2

国の責任

ワタシは何より、「国の責任」にこだわった。チカラを持つスポーツに対して国が責任をもって推進していく。やっぱり、「国の責任」が一番だった。
総則の第一条にまず、この法律の目的をこう書いた。

第一条　この法律は、スポーツに関し、基本理念を定め、並びに国及び地方公共団体の責務並びにスポーツ団体の努力等を明らかにするとともに、スポーツに関する施策の基本となる事項を定めることにより、スポーツに関する施策を総合的かつ計画的に推進し、もって国民の心身の健全な発達、明るく豊かな国民生活の形成、活力ある社会の実現及び国際社会の調和ある発展に寄与することを目的とする。

これをもって、第三条で「国の責務」をうたった。

第三条　国は、前条の基本理念〈中略〉にのっとり、スポーツに関する施策を総合的に策定し、及び実施する責務を有する。

努力するんではなくて、「責務を有する」、つまり責任があるんだ、とした。スポーツ施策は国の責任でやるんだぞ、と宣言したわけだ。それだけ、スポーツのチカラは大きいんだよ。そう改めて明文化した。努力目標ではなく、義務としたんだ。

地方公共団体の責務もうたった。

第四条　地方公共団体は、基本理念にのっとり、スポーツに関する施策に関し、国との連携を図りつつ、自主的かつ主体的に、その地域の特性に応じた施策を策定し、及び実施する責務を有する。

スポーツ団体にも努力せよ、とさせてもらった。

第五条　スポーツ団体は、スポーツの普及及び競技水準の向上に果たすべき重要な役割に鑑み、基本理念にのっとり、スポーツを行う者の権利利益の保護、心身の健康の保持増進及び安全の確保に配慮しつつ、スポーツの推進に主体的に取り組むよう努めるものとする。

国や地方公共団体が「責務」、つまり義務であるのに対し、なぜスポーツ団体が努力目標にとどまっているのかというと、行政には責任や義務を与えられるけれど、スポーツ団体は民間だから義務は与えられないわけだ。だから、努力してください、と。

実際、義務化するということは、予算と責任をもたなければならなくなることもある。かといって、国がスポーツ団体をハンドリングしようなんて考えていない。ただ、スポーツを行う者の権利、利益の保護として、「スポーツ権」を認めているわけだ。

前文で、国民すべてがスポーツをする権利を持っていると書いた。ここでは、スポーツをする権利が阻害されないようにしましょうと明記している。国がコントロールするとは書いていない。「努力」というのは、あくまであなた方が自主的にやってください、ということなんだ。

「主体的」というのは、スポーツ団体の自主的な取り組みを促そうとした。スポーツ団体は決して、行政の下請けではないのだから。

スポーツそのものは、本来、主体的に運営するものだ。それで、ガバナンス（運営の透明性）やコンプライアンス（遵守すべき基準の作成等）を求めると同時に、「スポーツに関する紛争について、迅速かつ適正な解決に努めるものとする」としたんだ。

主体的にやれと書いてあるから、別に強制はしないということだ。日本オリンピック委員会（JOC）や日本体育協会、スポーツ団体……。こういった団体は、基本理念にのっとって、しっかり努力してくださいと。

第八条（法制上の措置等）はポイントだろう。

第八条　政府は、スポーツに関する施策を実施するため必要な法制上、財政上又は税制上の措置その他の措置を講じなければならない。

これは、予算を組むことだったり、税を免除したり、国の施策としてやるということだ。財政上、税制上の措置だから、両方に措置という言葉がかかっている。スポーツ団体にとっては大きいと思う。「講じなければならない」だから、カネは出しますということだ。国は予算や税金の問題をちゃんとしないといけない。将来、スポーツ庁ができた時、これまでの中央教育審議会のスポーツ分科会でいいのか、スポーツ庁にスポーツ審議会をつくるのかという議論も出てくるだろう。

また国が、オリンピック・パラリンピックなどの国際総合競技大会の誘致を支援するとはっきり書いた。

第二十七条（国際競技大会の招致又は開催の支援等）である。

> 第二十七条　国は、国際競技大会の我が国への招致又はその開催が円滑になされるよう、環境の保全に留意しつつ、そのための社会的気運の醸成、当該招致又は開催に必要な資金の確保、国際競技大会に参加する外国人の受入れ等に必要な特別の措置を講ずるものとする。

これで、オリンピック・パラリンピック招致での国の財政的保証がとりやすくなった。

オリンピックで実態がよく理解されていないのは、オリンピックは「都市の開催」だと思われていることだろう。

確かに、二〇一六年オリンピック・パラリンピック招致は東京都が中心になって頑張った。でも、東京都議会が分裂していた。国としても、手をだしようがなかったんだ。招致に失敗したあと、中国の于再清《ウサイセイ》さん（国際オリンピック委員会〔ＩＯＣ〕委員）にきてもらって総括した時、「もう一つの都市でオリンピックを招致する時代じゃないです。国が責任をもってやらないといけません。招致の最大の課題は国の財政保証です」と話したんだ。

「国の財政保証がなければ、第一歩が進みません。これが招致活動の入り口です」と。その言葉が非常に印象に残っていた。ここに国の責任を明らかにしたから、二〇二〇年東京オリンピック・パラリンピック招致では、比較的スーッと財政保証がとれた。国の責務として、国際総合競技大会の招致の支援と法律で書いたから、何の問題もなかったと思う。

開催都市の「都市」の意味が変わってきたと思う。近代オリンピックはアテネからスタートしたけれど、アテネは昔ポリス（都市国家）で、外交権を持っていた。だから、アテネという都市の開催でよかった。ポリスの時代はそれでよかったんだろうと思う。

でも今のシティー（City）には外交権がない。例えば、国際競技連盟（International

Federations：IF）が入国する際の手続きや税金の免除など、外交が絡むから、シティーだけでは決定できない。実態として、昔のシティーは今のカントリー（Country）だと思う。だから、オリンピック・パラリンピックもカントリーでなければ運営できなくなっている。今はアテネだって、東京だって、外交権は持っていない。今は外交権を持つ国が責任をもたないとオリンピック・パラリンピックは開催できないわけだ。

スポーツ基本法ができたから、国が二〇二〇年オリンピック・パラリンピック招致を全面的に支援できた。だから、「オールジャパン体制」がつくられたのだ。

また、総則で注目すべきは、第二条（基本理念）の6だ。こう、書かれている。

> 6　スポーツは、我が国のスポーツ選手（プロスポーツの選手を含む。以下同じ。）が国際競技大会（オリンピック競技大会、パラリンピック競技大会その他の国際的な規模のスポーツの競技会をいう。以下同じ。）又は全国的な規模のスポーツの競技会において優秀な成績を収めることができるよう、スポーツに関する競技水準〈中略〉の向上に資する諸施策相互の有機的な連携を図りつつ、効果的に推進されなければならない。

前のスポーツ振興法では「営利を目的とする」スポーツ、つまりプロスポーツは対象とされていなかったが、スポーツ基本法ではプロスポーツも推進の対象とすることを明らかにした。

障がい者スポーツのパラリンピックもしかり。初めて、オリンピックと同じ立場で、スポーツ基本法でうたわれた。日本として、オリンピック招致、パラリンピック招致がすごくやりやすくなり、「国の責務」と明記されたことで、財政的な負担もかなり、担保されることになった。

改めて確認すべきは、スポーツ基本法では、スポーツを「全ての人々の権利」であるとうたっていることだ。健常者も障がい者も同じく、スポーツをする権利を持っている。そういうことなのだ。

スポーツ振興法は、一九六四年東京オリンピックに間に合わせるため、急ごしらえの法律となっていた。プロスポーツを想定していなかったし、障がい者スポーツ、高齢者スポーツ、女性のスポーツ、そういったものの規定もなかった。

何より、楽しいスポーツを能動的にやっていこうという概念が薄かったと思う。ベースには学校体育の意識が強く感じられた。スポーツ基本法は違う。広く社会の中でスポーツの持つチカラを生かしていこうと、「プロスポーツ」「障がい者スポーツ」「女子スポーツ」など幅広く視野に入れていったのだ。

第二十七条の2には、こうある。

2　国は、公益財団法人日本オリンピック委員会〈中略〉、財団法人日本障害者スポーツ協会その他のスポーツ団体が行う国際的な規模のスポーツの振興のための事業に関し必要な措置を講ずるに当たっては、当該スポーツ団体との緊密な連絡を図るものとする。

ここには日本オリンピック委員会と日本障がい者スポーツ協会を並べて書いてある。前のスポーツ振興法には「障がい者スポーツ協会」という言葉はなかった。この二つの団体を並べて法律に書いたのは画期的なことだと思う。

3

スポーツを支える

スポーツは「する」だけでなく、「見る」「支える」ということもある。みんなでスポーツを支えていこうということだ。

第二条（基本理念）にある「国民が生涯にわたりあらゆる機会とあらゆる場所において、自主的かつ自律的にその適性及び健康状態に応じて」スポーツを行うことができるようにするためには、国や地方公共団体は基本的施策をほどこさなければならない。

スポーツ振興法では単に「スポーツ指導者」とあったけれど、スポーツ基本法では対象を「スポーツの指導者その他スポーツの推進に寄与する人材」とひろげた。第十一条（指導者の養成）だ。

第十一条　国及び地方公共団体は、スポーツの指導者その他スポーツの推進に寄与する人材〈中略〉の養成及び資質の向上並びにその活用のため、系統的な養成システムの開発又は利用への支援、研究集会又は講習会〈中略〉の開催その他の必要な施策を講ずるよう努めなければならない。

かつて指導者といえば、スポーツのテクニックを教える人だったけれど、今では技術指導者のほか、メンタルから医科学的なサポーター、法律家もいれば、ありとあらゆる人間を含むようになっている。トップ選手ともなれば、チームを組んで強化している。

関連していえば、第三十二条（スポーツ推進委員）には、こうある。

第三十二条　市町村の教育委員会（特定地方公共団体にあっては、その長）は、当該市町村におけるスポーツの推進に係る体制の整備を図るため、社会的信望があり、スポーツに関する深い関心と理解を有し、及び次項に規定する職務を行うのに必要な熱意と能力を有する者の中から、スポーツ推進委員を委嘱するものとする。

2　スポーツ推進委員は、当該市町村におけるスポーツの推進のため、教育委員会規則〈中略〉の定めるところにより、スポーツの推進のための事業の実施に係る連絡調整並びに住民に対するスポーツの実技の指導その他スポーツに関する指導及び助言を行うものとする。

スポーツ推進委員は、昔でいう「体育指導員」のこと。スポーツの推進に寄与する人材とは、「セカンドキャリア」としてスポーツに関わるスポーツ選手なども意味している。ワタシは、セカンドキャリアではなく、本当は「ダブルキャリア」「デュアルキャリア」と呼ぶべきだと思っている。

もう現役の選手時代から、同時に別のキャリアをもてるようにすべきじゃないか。競技と並行して、別の資格の勉強をしろということなんだ。アスリートを辞めた人は、学校の先生か、会社の営業になる人が多い。うち、ごくわずかの人が指導者になっていく。

それ以外、例えば総合型地域クラブで働くという選択肢もある。ある程度の資格を持たせて、スポーツ推進を法定化した有償の専門スポーツ推進委員をつくったらどうだろうか。

専門スポーツ推進委員といった人たちが、そのクラブにきたアスリートのトレーニングなどをサポートし、スポーツ推進委員に対しては指導の仕方をコーチングする。そういう仕事をつくってあげたいと思っている。

今、全国に総合型スポーツクラブは三五〇〇ほどある。一クラブに二人の専門スポーツ推進委員とすれば、七〇〇〇人の雇用になる。セカンドキャリアで資格をとったアスリート経験者を配置していけば、環境も充実することになる。

今、地域スポーツの指導者といえばほとんど学校の先生なんだけど、将来は先生だけじゃなく、地域スポーツの専門スポーツ推進委員を職責として位置付けたいんだ。

よく「スポーツではメシが食えない」といわれる。確かに現状の指導者の待遇は悪い。日本のスポーツは長い間、「スポーツによって金銭的物質的利益を得てはならない」というアマチュア規定に縛られ、おおむねボランティアによる指導をヨシとしてきた。

ボランティアが悪いことはないけれど、得てしてあいまいで無責任になってしまうことも多い。いざという時に責任をとれない。だから、有給にして、資格をとらせて、その人にきちっとした地域スポーツの指導者になってもらう。今地域スポーツの指導者って、厳密にいうと有給の人はほとんどいない。

学校の体育の先生か、ボランティアでやっている人かな。体育協会のスポーツ少年団の指導者だって、ほとんどボランティア。中には子どもの親たちがカネを出し合って有償というケースも少しあるけれど。

ワタシも大学三年、四年の二年間、ラグビークラブの練習の合間に、東京都東久留米市の小学校の子どもたちにスポーツを教えていた。週一回、土曜日の午後。野球やったり、サッカーやったり、スポーツを教えていたんだ。

その時、月八〇〇〇円くらいもらっていた。一回二〇〇〇円だから、これは当時としてはいい待遇だった。月二万円あれば学生としてギリギリ食べていけた時代だったから。

問題は、スポーツに関わる人たちの待遇をどう上げていくのかだ。そのためには財源が必要となる。だから、国や地方公共団体の施策なんだ。とくに専門スポーツ推進委員に対しては、国や県市町村が予算をつけないといけない。責任をもってやってもらうために、そういったポストを位置付けることが必要なんだ。

スポーツをするためには、場所・施設・用具も大事だ。とくに施設の確保は、その競技力やスポーツのチカラに直結する。

第十二条（スポーツ施設の整備等）には、こうある。

第十二条　国及び地方公共団体は、国民が身近にスポーツに親しむことができるようにするとともに、競技水準の向上を図ることができるよう、スポーツ施設（スポーツの設備を含む。〈中略〉の整備、利用者の需要に応じたスポーツ施設の運用の改善、スポーツ施設への指導者等の配置その他の必要な施策を講ずるよう努めなければならない。

2　前項の規定によりスポーツ施設を整備するに当たっては、当該スポーツ施設の利用の実態等に応じて、安全の確保を図るとともに、障害者等の利便性の向上を図るよう努めるものとする。

要するに、国も地方公共団体もスポーツ施設を一生懸命つくってください、ということだ。「努めなければならない」だから、努力目標といういことだけれど。もちろん、義務目標からすると弱い。予算を組んでくれ、税の措置をしてください、といった程度だから。どの程度やるかは、考え方によって決まっていく。やっぱり、施策をしなければならない。でも、具体的な一つひとつの問題については努力してください、となる。義務化すると、例えば、山形の人が「おれの周りにスポーツ施設が一つもない。スポーツ基本法に違反しているぞ」などと訴訟を起こされる心配が出てくる。だから、努めなければならないとした。

また、この条項には「障害者」と書いてある。スポーツ振興法との違いは、「障害者等の利便性の向上」をうたったところにもあるんだ。

第十三条（学校施設の利用）には、こう書いた。

第十三条　学校教育法〈中略〉第二条第二項に規定する国立学校及び公立学校の設置者は、その設置する学校の教育に支障のない限り、当該学校のスポーツ施設を一般のスポーツのための利用に供するよう努めなければならない。

2　国及び地方公共団体は、前項の利用を容易にさせるため、又はその利用上の利便性の向上を図るため、当該学校のスポーツ施設の改修、照明施設の設置その他の必要な施策を講ずるよう努めなければならない。

要するに、学校の施設を開放してください、ということだ。スポーツ振興法には、学校の施設の開放はなかった。その当時、一般の人が学校の施設を使うといった考え方がなかったからだろう。

ここでも「努めなければならない」だ。「講じなければならない」とすると、学校の校長に対して、「授業で空いている時間は施設を使わせろ。使わせないのはおかしい」となってしまう。そこまでは強制できない。あとは首長の判断次第だ。

強調しておきたいのは、「利用上の利便性の向上を図るため」、改修だけでなく、「照明施設の設置その他必要な施策」にまで言及したことだろう。

スポーツ基本法は前文で「安全かつ公正な環境の下」で行われること、とうたった。そのため、第十四条（スポーツ事故の防止等）では、こう書いてある。

第十四条　国及び地方公共団体は、スポーツ事故その他スポーツによって生じる外傷、障害等の防止及びこれらの軽減に資するため、指導者等の研修、スポーツ施設の整備、スポーツにおける心身の健康の保持増進及び安全の確保に関する知識（スポーツ用具の適切な使用に係る知識を含む。）の普及その他の必要な措置を講ずるよう努めなければならない。

スポーツには事故とけががつきものといわれるが、やはり事故が起こらないよう、いかに予防するのかが大変大事なことだ。

そこで、スポーツ振興法の規定に比べ、スポーツ基本法における「スポーツ事故の防止等」の規定では、スポーツの事故だけでなく、スポーツによって生じる外傷と障害の防止・軽減への努力もうたわれることになった。

これまでは、国や地方公共団体に対する事故防止対策の努力義務は、法律には書いていなかった。単に通達程度のものだった。日本学校安全会のほか、スポーツ少年団の中には保険が適用されるところもあるけれど、具体的に指導者に対して安全対策をしなさいという規定はなかったんだ。だからここで、なんとか事故やケガを防ぐための対策をしてくださいとうたったわけだ。

ワタシだって、ラグビーで鎖骨を一回骨折し、肋骨《ろっこつ》にひびが入ったことが五回もある。最近も、国会議員ラグビークラブで「奥克彦《おくかつひこ》さん追悼試合」をやった時、胸にひびが入ってしまった。ただ起きてしまったのは仕方ない。こういう時、保険があると助かるだろう。

スポーツ少年団の監督が車を運転していて事故を起こすことがあるよね。無給の善意で指導している監督が事故を起こし、莫大な損害賠償額を抱えることになる。不幸なことだ。

こういったものを保険の対象にする必要があるし、指導者が無理をしないですむような仕組みをつくっていく必要がある。

指導者を守る仕組みをつくらないと、誰も指導者にならなくなる。今は保険くらいしかないけれど、トータルとして地域のスポーツ指導者をどうやって守ってやるのか。体育協会なのか、地域スポーツクラブなのか、指導者に対する支援の仕組みをつくっていきたい。こういった条件整備も大事だろう。

だいたい、スポーツ少年団があれほどたくさん試合をしていいのか、という疑問もある。全国各地に車で運転していくほど、試合をする必要があるのだろうか。ハードすぎる。監督だけでなく、少年たちにも負担がかかってしまう。

そういった状況が少年たちを一つの競技に絞らせることになる。スポーツ少年団については、スポーツを一生懸命やることには賛成だけど、一つの競技だけに特化して、それしかやらないという姿勢には反対なんだ。

子どもたちの伸びシロがなくなってしまう。ひどいところでは、同じスポーツを一日二時間、週五日間もやる。週一〇時間、一つのことばっかりをやる。心もからだも摩耗して、こわれてしまうこともある。

今の大会のあり方を考えてみる必要もあるかもしれない。どうやれば、子どもたちに多様なスポーツをさせる仕組みをつくれるのか。アメリカみたいにシーズン制にしてもいいかもしれない。競技限定のスポーツ少年団は見直したほうがいいかもしれない。

指導者のコーチングも必要だと思う。それこそ、総合型だ。総合型スポーツ少年団をつくったらどうだろう。今、総合型地域スポーツは、一つの競技しかしない人たちのかたまりとなっている。これって、本来の総合型じゃないと思っている。

同じ競技ばかりをやっていると、からだが摩耗してしまう。いろいろな競技をやれば、バランスの取れたからだになり、ケガも防げるのではないか。いろいろな競技をやる場が総合型だろう。そこで科学的なトレーニングの仕方なども学ぶようにしたい。

ワタシが子どもの頃は、野球のピッチャーは水泳をしては悪いだとか、練習中に水を飲んだらダメだとかいっていた。あれはなんだったんだろう。非科学的なことがたくさんあった。

スポーツでは、科学的、かつ合理的な方法を、もっと模索しないといけない。戦略や、効率的な強化の仕方も必要だろう。ただ単に強くするのではなく、トータルとしてどうすれば強くなるのか、安全を考えながら整理をしていく必要がある。

4

選手の権利

スポーツ基本法をつくる時、全党の意見を取り入れた。超党派でやると、いろいろといい意見が出てくる。

例えば、スポーツ権を強調したらどうだ、という意見があった。スポーツ仲裁機関のように選手の権利を守る規定も盛り込んだらどうだって。それがこれ、第十五条（スポーツに関する紛争の迅速かつ適正な解決）だ。

第十五条　国は、スポーツに関する紛争の仲裁又は調停の中立性及び公正性が確保され、スポーツを行う者の権利利益の保護が図られるよう、スポーツに関する紛争の仲裁又は調停を行う機関への支援、仲裁人等の資質の向上、紛争解決手続についてのスポーツ団体の理解の増進その他のスポーツに関する紛争の迅速かつ適正な解決に資するために必要な施策を講ずるものとする。

これは、スポーツ基本法で新たに設けられた条文で、もっとも意味のある一つといってもいいのではないか。

ワタシは、サッカーの「我那覇ドーピング冤罪事件」の時、文部科学副大臣をしており、我が国を代表して世界アンチ・ドーピング機関（WADA）の常務理事となっていた。

二〇〇七（平成一九）年四月、Jリーグ・川崎フロンターレ（当時。現カマタマーレ讃岐）の我那覇和樹《がなはかずき》選手が脱水症状で点滴を受けたところ、新聞記事で「にんにく注射」と誤報道され、それを真に受けたJリーグから出場停止処分を受けるという事件が起きた。

ワタシは日本アンチ・ドーピング機構（JADA）の河野一郎《こうのいちろう》委員長（当時。現日本スポーツ振興センター理事長）と話をして「絶対、ドーピング違反にはならない」と確信をもっていた。報道された内容から考えても、ドーピング違反ではない。必要な医療行為は、何はともあれしなければならない。

そこで、WADA常務理事のワタシの見解を日本サッカー協会（JFA）の医師団にも送っていた。WADAも、このケースが規約違反にはならないとの判断を下した。

だけど、我那覇選手は最初、ドーピング違反となってしまった。後日、我那覇選手はスポーツ仲裁裁判所（CAS）に仲裁申し立てを行い、結局無実ということになる。日本サッカー協会の医事委員会の判断ミスだったんだ。

ワタシが今でも申し訳なく思っているのは、その事件の途中で文部科学副大臣を退任してしまい、その後の我那覇選手のフォローをできなかったことだ。彼を守ってやれなかったんだ。副大臣を辞めても、後任者にワタシの出した見解を踏襲してもらうべきだった。

その時以来、ワタシはスポーツ選手の権利を強く意識するようになった。日本はタテ社会で、一生懸命に頑張ろうとする人が先輩や上からの圧力でつぶされたり、嫌な目にあったりすることも多い。受動的になって、自分のチカラをフルに発揮できないケースもある。もっと能動的になる形ってなんだろう。法律においても、選手の権利をきっちり確保しておかないといけないと思っていた。その意味でスポーツ選手の権利を書くことは大事なことだった。

自分がスポーツをやってきて思うのは、スポーツ選手が能動的に行動するためには、選手の権利が守られないと難しい。スポーツ界は体質的にまだ昔のままだ。武道や学校体育など、強制する部分が多すぎて、選手の自由な活動を縛っていると思う。

結果的に、人間の生きざまを阻害しているし、選手が広く活動することを阻害することになる。だからこそ、このスポーツ基本法でスポーツ選手の権利を守る仕組みをつくるよううたっているわけだ。

もちろん、この規定にのって、もっと具体化されなければならないだろう。CASによる紛争解決方法にしろ、日本スポーツ仲裁機構（JSAA）にしろ、もっと整備されるためにはどういった仕組みとすればいいのか。

さらに仲裁人・調停人などの人材育成はどうすればいいのか。国レベルでの「必要な施策」の具体化を図る必要があるだろう。

第十八条（スポーツ産業の事業者との連携等）は、スポーツ振興法にはなかった概念。時代が変わり、アマチュアリズムが衰退し、営利目的のスポーツが社会的に認められるようになったからだ。

第十八条　国は、スポーツの普及又は競技水準の向上を図る上でスポーツ産業の事業者が果たす役割の重要性に鑑み、スポーツ団体とスポーツ産業の事業者との連携及び協力の促進その他の必要な施策を講ずるものとする。

どのような形がいいのか。スポーツ産業との連携を図ることも、スポーツを発展させるためには不可欠となった。

グローバル化時代を迎え、日本にとって、国際貢献も大事なこととなった。第二条（基本理念）の7「スポーツは、スポーツに係る国際的な交流及び貢献を推進することにより、国際相互理解の増進及び国際平和に寄与するものとなるよう推進されなければならない」などと関連している条文が、第十九条（スポーツに係る国際的な交流及び貢献の推進）といっていい。

第十九条　国及び地方公共団体は、スポーツ選手及び指導者等の派遣及び招へい、スポーツに関する国際団体への人材の派遣、国際競技大会及び国際的な規模のスポーツの研究集会等の開催その他のスポーツに係る国際的な交流及び貢献を推進するために必要な施策を講ずることにより、我が国の競技水準の向上を図るよう努めるとともに、環境の保全に留意しつつ、国際相互理解の増進及び国際平和に寄与するよう努めなければならない。

スポーツ振興法には「国際的な貢献」とはなかった。スポーツで友好関係を結ぶのが交流であって、スポーツを通じて相手の国の発展に協力するのは貢献。一歩進んだ形となっている。

日本が国際的な位置を占めると、ただ単に交流するだけじゃなく、スポーツを通じてその国の発展に協力しましょうよ、って。そのチカラがスポーツにはあるんだ。

交流するだけでは、互いが発展することがない。他の国の発展に貢献することで、スポーツのチカラを示すことができる。

二〇二〇年東京オリンピック・パラリンピック招致運動の最中、招致委員会が打ち出した「スポーツ・フォー・トゥモロー」プロジェクトは、このくだりを受けてのことだったんだ。

スポーツ基本法に新設された条文の一つが、地域スポーツ振興事業への支援だ。

第二十一条（地域におけるスポーツの振興のための事業への支援等）ではこう、書いた。

第二十一条　国及び地方公共団体は、国民がその興味又は関心に応じて身近にスポーツに親しむことができるよう、住民が主体的に運営するスポーツ団体（以下「地域スポーツクラブ」という。）が行う地域におけるスポーツの振興のための事業への支援、住民が安全かつ効果的にスポーツを行うための指導者等の配置、住民が快適にスポーツを行い相互に交流を深めることができるスポーツ施設の整備その他の必要な施策を講ずるよう努めなければならない。

この地域スポーツ振興事業の受け皿は、住民主体の地域スポーツクラブを指す。条文の中の「地域スポーツクラブ」とは、総合型スポーツクラブのほか、一つひとつの競技のスポーツクラブも含んでいる。

ここで「総合型」と書いてないのは、総合型というのは一つの形態であって、本来、地域スポーツクラブでいいのだ。

日本の総合型というのは、ラグビーのチーム、野球のチーム、サッカーのチームが集まっているのをいうけど、海外のそれは、一人が複数の競技をやっているクラブをいうのだと思う。この違いは大きい。

四〇年以上も前、ワタシがラグビークラブでオーストラリアに遠征した時、シドニーのクラブに行ったら、ラグビーやサッカーを楽しみ、ホッケーもテニスも楽しむ、そんなクラブだった。一人がいろんな競技をやっていると聞いて驚いた。

そのクラブチームと試合をする時、目の前の公園を見たら、二面の芝生のラグビー場、サッカー場があって、さらに二面のテニスコートがあった。メルボルンの大学に行ったら、一二面の芝生のグラウンドがあった。四〇年以上も前に。こんなスポーツ環境があるのかって、本当に驚いた。

将来、日本のクラブのあり様も、基本はヨーロッパ型でいいと思っている。学校に限定せず、地域にグラウンドと体育館があって、そこをベースにして複数の競技をそれぞれがやっていく。ワタシが山形に高校生のラグビーチームをつくった時、一つの学校だけでなく、地域の複数の学校の生徒を集めて、クラブチームにした。

生徒たちは花園（全国高校ラグビー選手権）に出場したいというので、学校の部活動に分けてしまったけれど、今でも地域クラブがよいと思っている。

学校単位になると、指導者がどうしても数年で変わってしまう。指導者次第でクラブのあり方が変わっていく。人々にスポーツを楽しんでもらうためには、地域として指導者を安定させたほうがいい。できれば、複数のスポーツを楽しんでもらったほうがいい。

本当は地域スポーツがいいと思うんだけれど、残念ながら、日本には地域のスポーツ施設が少ない。少しずつ、学校スポーツから地域スポーツに比重を移していくためにも、やはりグラウンドなどの施設整備がなければいけない。

学校が統廃合されて、使わなくなった学校の施設があるだろう。そこの体育館やグラウンドを利用すれば、地域型総合クラブになると思う。

指導者も大事だ。

学校の先生がいれば、専門スポーツ推進委員もいれば、企業が指導者を派遣しているケースもある。ワタシは、多様な形があっていいと思う。あまり「これだ」と決めつけないで、地域、地域でやりやすい形で進めていったほうがいいと思っている。

それを国や地方公共団体が支援する。スポーツは本来、地域型だと思っている。学校スポーツもゆるやかに少しずつ、変わっていけばいいのではないか。

5

スポーツ庁設置へ

ワタシは正直、第二十三条（体育の日の行事）はいらないんじゃないかと思った。スポーツ基本法では触れず、振興計画で書き込めばいいいんじゃないかって。でも、「これを書かないと、体育の日がなくなると思われるからダメです」と言われた。だから、ここで明記し、全国的なスポーツ行事への法的根拠を明らかにした。

第二十三条　国及び地方公共団体は、国民の祝日に関する法律〈中略〉第二条に規定する体育の日において、国民の間に広くスポーツについての関心と理解を深め、かつ、積極的にスポーツを行う意欲を高揚するような行事を実施するよう努めるとともに、広く国民があらゆる地域でそれぞれその生活の実情に即してスポーツを行うことができるような行事が実施されるよう、必要な施策を講じ、及び援助を行うよう努めなければならない。

第二十六条（国民体育大会及び全国障害者スポーツ大会）も同じだ。

第二十六条　国民体育大会は、公益財団法人日本体育協会〈中略〉、国及び開催地の都道府県が共同して開催するものとし、これらの開催者が定める方法により選出された選手が参加して総合的に運動競技をするものとする。

2　全国障害者スポーツ大会は、財団法人日本障害者スポーツ協会〈中略〉、国及び開催地の都道府県が共同して開催するものとし、これらの開催者が定める方法により選出された選手が参加して総合的に運動競技をするものとする。

大事なのは、ここで初めて日本障害者スポーツ協会をしっかりと位置付けたことだ。新たに全国的なスポーツ行事として、全国障害者スポーツ大会を加えることにもなった。

第二十九条（ドーピング防止活動の推進）もまた、新たに加わった条項だ。スポーツ振興法にはドーピングに関する規定がなかった。でも、二〇〇六年、日本政府がユネスコの「スポーツにおけるドーピングの防止に関する国際規約」を採択したことを受けて、書き込むことになった。

第二十九条　国は、スポーツにおけるドーピングの防止に関する国際規約に従ってドーピングの防止活動を実施するため、公益財団法人日本アンチ・ドーピング機構〈中略〉と連携を図りつつ、ドーピングの検査、ドーピングの防止に関する教育及び啓発その他のドーピングの防止活動の実施に係る体制の整備、国際的なドーピングの防止に関する機関等への支援その他の必要な施策を講ずるものとする。

スポーツの推進に関わる体制の整備ということで、第三十条（スポーツ推進会議）を書いた。スポーツ施策の一元化を円滑に進めるためのものだ。

第三十条　政府は、スポーツに関する施策の総合的、一体的かつ効果的な推進を図るため、スポーツ推進会議を設け、文部科学省及び厚生労働省、経済産業省、国土交通省その他の関係行政機関相互の連絡調整を行うものとする。

これには、いろいろと議論があった。今は複数の省庁がスポーツ施策をやっている。だが、いずれスポーツ庁が設置され、一元化を目指すことになる。そうなれば、スポーツ庁が主催して、各省庁が集まって会議しなければならない。

最初、スポーツ庁は内閣府に置こうという話があった。でも異論が二つあって、一つは「なんでもかんでも内閣府か」と。かえって、無責任体制ができてしまわないかという。そして二つ目は、日本の場合、スポーツと学校体育は切り離せないと。

そこで、スポーツ庁は文部科学省の外局に置いた方がいいという考えになった。ただそれだと、スポーツ庁が文部科学省だけのものになってしまう恐れがある。それで、省庁間の連携をとるための会議、このスポーツ推進会議をつくることになったんだ。

スポーツ庁に関しては、附則の第二条にこう、書かれている。

第二条　政府は、スポーツに関する施策を総合的に推進するため、スポーツ庁及びスポーツに関する審議会等の設置等行政組織の在り方について、政府の行政改革の基本方針との整合性に配慮して検討を加え、その結果に基づいて必要な措置を講ずるものとする。

この条項は何としても本文に書きたかった。でも行政改革で省庁を削減し、国による直接の行政を減らそうといっている時に、新しい庁をつくることには反対が多かった。

それで、苦肉の策として、附則に入れることになった。どうしても全党の賛成をもらいたかったからだ。附則は「ただし」の話だから。整合性に配慮しながら、慎重に書くことになった。

要するに、いたずらに役人や財政的措置の増大は避ける。ただ配慮した上で、必要なら増やすこともあり得るかもしれない。

スポーツ基本法をつくる際の国会審議の中で、「役人が増えるんじゃないか?」という質問があった。ワタシは、「同じ仕事の中で人が増えることはありません。ただし、新たな仕事ができれば別ですが」と答弁した。例えば、国際スポーツ課など、新たな部署ができれば、人を増やさないと回っていかないだろう。

スポーツ政策を考える人材は大事だと思う。今は役所にある程度しかいない。いずれナショナルスタンダードをつくるスポーツ庁ができれば、その下に具体的な活動を進める「スポーツコミッション」が必要になるだろう。

いわゆるヘッドクオーター(本部、司令部)としての組織だ。ワタシのイメージでは、いろんな情報をそこで収集し、スポーツ庁のナショナルスタンダードの話を受けて、より具体的にスポーツを振興するためのいろんな計画をつくっていく。

もっといえば、世界の情報を収集し、国の戦略を組み、そして補助金などの流れをここが管理していくことになるだろう。

イメージでは、スポーツ庁があり、その下に独立行政法人のスポーツコミッションをつくり、そこで情報収集、戦略立案、資金の流れを組んでいく。その横にスポーツ医科学センターや、ナショナルトレーニングセンター、スポーツ仲裁機構、日本アンチ・ドーピング機構が置かれる。

その下に、JOCや日本体育協会、日本スポーツ障がい者協会などの団体が置かれることになる。

問題は、日本スポーツ振興センター（JSC）をどうするかだ。国立競技場などの運営をするし、スポーツ施設の建築もすれば、学校給食の管理もある。トレーニングセンターも持っているし、サッカーくじ（スポーツ振興くじ：toto《トト》）を運営管理もしている。

今JSCは位置付けや役割があいまいなのだ。イギリスのUKスポーツなり、オーストラリアのスポーツコミッションみたいな形になればいい。

ワタシは現在のスポーツ振興センターは一旦廃止した上で、役割や機能を整理分割し、新たな独立行政法人として再スタートさせたいと思う。

chapter 4

第4章

あしたのスポーツ

2020年オリンピック・パラリンピック開催都市決定の瞬間。ジャック・ロゲIOC会長が「東京」と読み上げると、会場は歓喜にわき上がった（アルゼンチン・ブエノスアイレス、2013年9月7日）。

（RIA Novosti/時事通信フォト）

1

東京オリンピック・パラリンピック

ワタシは、スポーツ推進を国策として取り組むための土壌づくりのため、スポーツ基本法を五〇年ぶりに改正し、「スポーツ基本法」を成立させることに努力してきた。

また東京オリンピック・パラリンピックの招致活動にも関わってきた。二〇〇九年一〇月、コペンハーゲン（デンマーク）で開かれた国際オリンピック委員会（ＩＯＣ）総会の二〇一六年オリンピック・パラリンピックの開催地投票で、東京がリオデジャネイロ（ブラジル）に敗れた時、オリンピック・パラリンピック招致議員連盟の幹事長をしていた。

その時はまず、オリンピック・パラリンピック招致支援の国会決議をもらおうと、動き始めた。しかし、東京都の動きがちぐはぐだった上、国会の中も意思統一がなかなかできず、国会決議するために三カ月もかかった。

東京都と日本オリンピック委員会（ＪＯＣ）と国の連係が全然とれていなくて、どうなるんだろうと心配していた。ＩＯＣ総会の投票では、アメリカのオバマ大統領がきていたのに、シカゴ（アメリカ）が最初に落ちた。オリンピック・パラリンピック招致って政治力だけでは解決できないものがあるな、と思ったものだ。

二回目の投票で東京が落選した。ワタシもコペンハーゲンの総会会場にいて、石原慎太《いしはらしんた》郎《ろう》東京都知事（当時）の近くに座っていたが、全体的に招致成功への熱意が今一つ感じられなかった。みんな心底、勝てるとは思っていなかったと思う。もちろん、敗れた悔しさはあったけれど……。

帰国の飛行機の中で石原知事が悔し泣きしたと聞いたけれど、他の人はどうだったのか。中にはしらけていた人もいたんだ。繰り返すけれど、東京都がまとまっていない、国がまとまっていない。これで勝てるのかなって。

招致に敗れた日、石原知事は、二度目の挑戦、二〇二〇年オリンピック・パラリンピック招致活動はしないと言った。でも森喜朗《もりよしろう》先生（元内閣総理大臣）やワタシたち国会議員は、ホテルのバーでヤケ酒を飲みながら、「もう一回、やろう」と言い合っていたんだ。

その後、ワタシは二〇一〇年バンクーバー冬季五輪に視察に行った。同郷（山形）の、加藤条治《かとうじょうじ》選手（スピードスケート）が五〇〇メートルで銅メダルをとった。日本選手団の橋本聖子《はしもとせいこ》団長と喜び合いながら、やっぱりオリンピックっていいなあ、と思ったんだ。

日本に帰国して、東京オリンピック・パラリンピック招致で動き出して、石原知事にも連続挑戦を決めてもらった。スポーツ基本法が成立したあとだから、国会決議はすぐとれた。政府による大会運営費の財政保証もスムーズにもらった。二〇二〇年招致で政府が前面に出て活動できたのも、「スポーツ基本法」に法律として、国の責任でスポーツ振興を行うと共に、国際競技大会誘致を推進するという趣旨が明記されていたからだと思う。

二〇二〇年オリンピック・パラリンピック日本招致議員連盟の会長は麻生太郎《あそうたろう》先生（元内閣総理大臣）になってもらい、二〇一二年一二月、自民党が政権をとった時、安倍晋三《あべしんぞう》内閣総理大臣にはすぐにオリンピック・パラリンピック招致とスポーツ庁設置を頼んだ。

振り返れば、東京オリンピック・パラリンピック招致の勝ち目が出てきたのは、日本の得点もあるけれど、トルコで大規模な反政府デモが起きたり（二〇一三年五〜八月）、ブラジルでもデモが起きたりした（二〇一三年六月）ことが大きい。やっぱり「安全・安心・確実」な東京がいいのではないか、という空気がＩＯＣ委員の中に出てきて、これで東京招致全体の動きが俄然、活発になってきた。

招致過程で印象に残っているのは、二〇一三年五月下旬にサンクトペテルブルク（ロシア）の「スポーツ・アコード国際会議（SportAccord International Convention）」という会議に行った時だ。世界のスポーツ組織で活躍している日本人があまりいないんだ。これは国際人育成の強化が必要だなと思ったものだ。

二〇一三年七月の世界水泳選手権でバルセロナ（スペイン）に行った時も、日本水泳連盟会長の鈴木大地《すずきだいち》くんと話をした。「早く国際舞台に出たらどうだ」と言ったら、「いや。労力もカネもかかります」と返ってきた。だから、世界に出ていくスポーツ人のためのサポート体制をつくることにした。

スポーツ基本法があるお陰で、多くの政治家や行政の人が東京オリンピック・パラリンピック招致を応援した。これは二〇一六年招致の時とは大きな違いだった。東京招致成功の最大の原因は、四年前と違い政府や国会が中心となり、東京都はもちろん、官民一体となり、まさに「オールジャパン」として活動できたことだと思う。

嬉しかったのは、二〇一三年一〇月一五日、衆議院本会議場で、ワタシが、「二〇二〇年東京オリンピック・パラリンピック競技大会の成功に関する決議案」の趣旨説明をした時だった。決議案は次の通りだった。

一九六四年の東京大会以来五十六年ぶりとなる二〇二〇年東京オリンピック・パラリンピック競技大会の開催は、スポーツの振興と国際交流・国際親善、共生社会の実現、国際平和への寄与にとって極めて意義深いものであるとともに、我が国が元気な日本へ変革していく大きなチャンスとして、国民に夢と希望を与えるものとなる。

国は、二〇二〇年東京オリンピック・パラリンピック競技大会の開催が円滑になされるよう、環境の保全に留意しつつ、競技場など諸施設の整備その他の受入れ態勢に関し万全の措置を講ずることはもちろん、国民のオリンピック精神の高揚とスポーツを通じた世界への貢献、広く国民すべての一層のスポーツ振興を図るとともに、東日本大震災からの復興を着実に推進することにより、これからの新しい日本の創造と我が国未来への発展のため東京大会を成功させるよう努めなければならない。

よって、政府は、総合的な対策を確立し、国民の理解と協力のもとに、その推進を図るべきである。

この国会決議の本会議壇上での演説が、政治家をやっていて一番嬉しかった。それまでにも、甲子園での高校野球の始球式や、スポーツ基本法の最初の提案説明などをしてきたけれど、この提案理由を説明した時の嬉しさは格別だった。地道にやってきたことがようやく実ったのかなという気分だった。達成感があったね。オリンピック・パラリンピック東京招致成功はみんなが喜んでくれた。

国会で提案理由を説明することは、議員にとっては最大の喜びなんだ。提案理由の説明といっても、本会議で演説することはほとんどない。重要課題の時しかないんだよ。

そういう意味で、スポーツ基本法をつくり、オリンピック・パラリンピック招致を成功させ、今度はスポーツ庁をつくれば、まあ、本望だね。それが三つともできれば、「三冠王」だ。そう思う。

二〇一二（平成二四）年三月に文部科学省から発表された「スポーツ基本計画」では、今後一〇年間の日本のスポーツ政策の基本方針が示された。五輪の金メダル獲得数の順位では「夏季大会は五位以上、冬季大会は一〇位以上」とある。

ロンドン五輪（二〇一二年）で日本は金メダル七個（銀一四個、銅一七個）の一〇位、ソチ冬季五輪（二〇一四年）では金メダル一個（銀四個、銅三個）の一七位だった。地元開催となる二〇二〇年東京五輪では三位以内の三〇個以上と目標を立てている。これは文部科学省がＪＯＣや日本スポーツ振興センター（ＪＳＣ）と協議して出したものだ。

個人的な意見ながら、メダルはできるだけ多くとったほうがいいと思っている。もちろんオリンピック・パラリンピックには参加すること自体がすごいことだ。そのためには地域大会で優勝し、いくつかの大会を経て、全国レベルの大会で優勝しているのだから。ただ、どんな活動であっても、最大限の目標をつくって、そこに向かって努力することが尊いわけだ。応援する人たちにとっては、目標に向かって努力する姿が美しく、その姿に憧れ、共感を抱くことになる。何番目でもいいという人には共感をおぼえにくい。

金メダル三〇個という目標を立てたのなら、とるために頑張るしかない。メダルからいえば、とりやすい競技というのはある。例えば射撃などは、五輪で種目が多く、メダルの数も多いけれど、競技者の数はそれほどでもない。韓国などはそういう有効な戦略を立てているわけだ。

メダルでいえば、一一人のサッカーも、一人の個人競技も同じ一個だ。数の競争の場合は同じカウントとなる。メダル数だけにこだわれば、個人競技のほうがとりやすい。ただ団体競技の価値はちょっと違うと思う。

やっぱり団体競技のもつチカラは大きい。自分のプレゼンスを高めるのは個人だけれど、世の中って、結局、チームでできているから。団体スポーツがもつチカラは、国や地域を考えると、大変大きいものがある。

とはいえ、ワタシがずっと意識していることは、政治家が過度にスポーツ組織やスポーツ団体に介入すべきではないということだ。スポーツ振興法（一九六一年）をつくった時には、国の関与などは考えられていなかっただろう。

スポーツ基本法では、国の関与を明らかにし、「スポーツを通じた発展」を考えることになった。国は、お金を出す。スポーツを理解し、価値を高めて、推進していく。当然、そのための責任をもたないといけない。ただし、お金を受け取るスポーツ組織も責任をもって運用してくださいということだ。

パラリンピックにしてもメダルは多い方がいい。ただパラリンピックに関しては、オリンピックと比べて、対応が遅れている部分がある。どこかに障がいがある、ハンディがあるというだけで、スポーツをやっている人の情熱は変わらない。

日本のパラリンピックを取り巻く状況をみると、圧倒的に施設と指導者が少ない。オリンピックとパラリンピックは一体なんだ。どちらも、それぞれの環境の中で、ベストプレーをする努力をする。その美しさ、真摯な姿が感動を呼ぶわけだから。まったく同じ意識でいいのではないかと思っている。

ソチパラリンピック（二〇一四年）には、国会議員として初めて視察に行き、選手団を激励してきた。見たかったのは、やっぱり人々の意識だった。

運営している人の意識、参加しているアスリートたちの意識、つまりはそこに集まる人々の意識を実感したかった。意識を共有したかったのだ。

パラリンピックのノウハウは、日本にはまだまだ少ないと思っている。一九六四年東京大会（第一三回ストーク・マンデビル競技大会）、一九九八年長野冬季パラリンピックはやったけれど、まだ十分ではない。議員としての役割は、どういう風に意識を共有しているかをまず、つかんでくることだった。その意識をどれだけ国民に伝えられるのか。それができるのが、政治家だと思っている。

ロンドンパラリンピック（二〇一二年）は市民たちの意識が高かったといわれている。なぜかといえば、障がい者スポーツ発祥の地という歴史だと思う。これまでパラリンピックが大事だ大事だといって、国会議員は誰もパラリンピックに視察に行ったことがなかった。オリンピックしか意識がなかったんだ。

でも、ワタシは今回、ソチパラリンピックに行って実感してきた。二〇二〇年東京パラリンピックに向け、障がい者スポーツの位置付けも変えなければと思う。

2

スポーツ庁

スポーツ基本法が成立し、二〇二〇年東京オリンピック・パラリンピックの開催が決まったことで、スポーツ庁設立に向けたムードが一気に高まってきた。

二〇一三年一〇月二二日に開いた超党派のスポーツ議員連盟総会で、「今後のスポーツ政策のあり方検討とスポーツ庁創設に向けたプロジェクトチーム」の設置が了承された。

ワタシはスポーツ庁創設に向けたプロジェクトチームの座長として、我が国のスポーツの推進に一層積極的に取り組んでいくことになった。オリンピック・パラリンピック東京大会の成功だけでなく、一〇年後、二〇年後、我が国のスポーツの未来を見据え、引き続き努力していかなければならない。

スポーツ庁創設に向けたプロジェクトチームは二〇一三年一〇月二九日に第一回会議を開き、以降、月に二回程度の開催を重ねている。併せて、その有識者会議も二〇一三年一二月にスタートさせた。こちらは月に一回程度。

第一回開催会議でのあいさつでワタシはこう、言った。

「現在、スポーツ行政は文部科学省だけでなく、障がい者・高齢者・労働者スポーツは厚生労働省、国際交流が外務省、スポーツ産業は経済産業省、スポーツツーリズムやグラウンド等の施設整備は国土交通省、といったような形で各省にまたがっており、こうした中で一般的なスポーツ行政をどのように考えるのかが課題となっている」。

また学校体育をスポーツ庁か、文部科学省初等中等教育局のいずれで担当するのか。文化に関する教育は文化庁ではなく初等中等教育局で担当しているが、学校体育はどのように整理するのか。

スポーツ功労者については、文化功労者の中でのスポーツの業績による者は、これまでに二〇名ほどしかいない。

また内閣官房の二〇二〇年オリンピック・パラリンピック東京大会推進室との連携や、JOC・JSCとの連携と役割分担、スポーツ庁の規模の妥当性といった課題もある。

一九六一（昭和三六）年に制定されたスポーツ振興法では、スポーツに関わる者の権利利益の保護やスポーツ団体に関する規定がほとんどなかった。

これを二〇〇七（平成一九）年以降、四年がかりで全面改正した。今回の東京オリンピック・パラリンピックの招致でも、前回（二〇一六年大会招致）と比べて段違いの支援ができた。こうしたことも、スポーツ基本法があったためであり、大変嬉しく思っている。

目標としては、二〇一四年五月中にはプロジェクトチームとしてスポーツ庁創設のとりまとめをして、文部科学省でそれに基づいて法律の作業をしてもらう。設置法という法律をつくらないといけないから、そのためには、いろんな人事、予算を各省と打ちあわせてもらって、二〇一四年秋の臨時国会にはこの法案を提出したい。

遅くても、二〇一五年の四月にはスポーツ庁をスタートさせたいのだ。

そのための準備で、ポイントはいくつかある。一つは、スポーツ政策を一元化するために、各省庁が担当しているスポーツ施策をどう一体化するのか。全部一体化することは難しいので、スポーツ庁でやる部分と、スポーツ庁と連携をとってやってもらう部分と、その二つに整理するのが課題となる。

二つ目は、文部科学省の中での学校体育の位置付けをどうするのか。スポーツ庁は文部科学省の外局として創設する方針であるから、学校体育を文部科学省の初等中等教育局でやるのか、スポーツ庁でやるのか。

本来、学校体育の授業は指導要領に基づいているから、文部科学省の初等中等教育局でやるのが本当かもしれないけれど、やはり日本のスポーツは学校体育から出発している。地域スポーツの指導者も大半は学校にいるから、学校体育をスポーツ庁と切り離すのは難しい。スポーツ庁から学校体育を外すと、地域スポーツも離れてしまう。だから、ここは一体化するしかないと思う。学校体育はスポーツ庁に取り組むべきだろう。

三つ目は、関連の組織をどう位置付けるのか。スポーツ庁ができれば、そこに伴って、スポーツコミッションをつくりたい。個人的にはＪＳＣを一旦廃止して新しく設置したほうがいいと思っている。そこで、情報収集、戦略、強化や地域スポーツのための資金の配分を担ってもらうのはどうだろう。

スポーツ庁ができて、その中に各省庁との連絡会議をつくる。まずスポーツ庁があって、その下にスポーツコミッションがあって、さらにＪＯＣや体育協会、その他の競技団体がならぶ形となるのではないか。

スポーツ庁が担当するものと、連携をとって取り組むもの、まずは整理していかなければならない。障がい者スポーツでいうと、今のところはパラリンピックだけをスポーツ庁で取り組む。医療行為を伴う障がい者スポーツまでスポーツ庁にとりこむのは難しくて、やはり厚生労働省でやらないといけないと思う。

そこで課題は三つとなる。一つ目は各省庁の役割分担、二つ目は文部科学省の中での役割分担、三つ目はスポーツ組織の再編である。

省庁の抵抗はあるだろうけれど、そこはやりようだ。スポーツに関する省庁の仕事を全部集めるのか、全部は集めないけれど実質的にスポーツ行政の一元化を目指すのか。実際、もし本当に全部の仕事を集めようとしたら調整に何年かかるかわからない。まずはスポーツ庁をつくることだと思っている。

やはり役所というのは、自分たちの仕事がどれだけあるかが存在感だから、権限を放したくはない。それは人事とカネ。それを手放すとなると、役所はとことん抵抗するだろう。

でも、幸か不幸かスポーツは各省庁のメインの施策ではないから、やりやすいと思う。

ただ厚生労働省にとって、高齢者の生涯スポーツは目玉の一つだ。健康という観点から、大事にしている。もしも、これをスポーツ庁でやるとなったら抵抗は激しくなるだろう。

この仕事は重要な施策の一つだから、厚生労働省としては譲れない。

でも、健康のための施策には、薬、食事、スポーツなどがある。トータルは厚生労働省でやって、スポーツを通じた健康づくりの部分に関してはスポーツ庁がやるとしたらどうだろう。明確な線引きは難しい。こういう調整は、ぎりぎりのところに線を引かない方がいい。アバウトでもいいと思っている。

パラリンピックなどの障がい者スポーツと高齢者の生涯スポーツは別だ。障がい者は肉体的に何らかの障がいをもつ人で、健常者は八〇歳でも健康な人はとても健康でいる。

学校体育はたぶん、文部科学省のスポーツ青少年局からスポーツ庁に移すことになるだろう。文部科学省の抵抗はない。文部科学省の外局に移るわけだから。

人的、財源的に負担が増えるのではないかという指摘があるけれど、それは増えないようにする。スクラップアンドビルド（scrap and build）だから。こういう時代だから、組織を増やすとみんなの反発を招いてしまう。

スポーツが大事だから、組織を増やしたいという考えの人も多いだろうけれど、創設時は、文部科学省のどこかを減らして、その分でスポーツ庁をつくることになるだろう。だから、創設時の人的な問題、財政的な部分は、文部科学省から移していくことになる。

スポーツ庁の長官は民間の人がいいと思っている。スポーツ担当大臣ができるだろう。文部科学大臣が兼務したりするだろうが、スポーツ庁長官は民間の人でいいのではないか。今の文化庁みたいな感じだと思っている。

さかのぼれば、二〇〇六（平成一八）年にワタシの私的諮問機関の「スポーツ振興に関する懇談会」をつくった時にスポーツ庁の絵も考えていた。

当初はスポーツ省にしたかったけれど、スポーツ基本法をつくった時、スポーツ省は難しいと判断した。どれほど頑張っても、スポーツ庁がやっとだと。まだスポーツ庁の絵が完成とまではいかないが、デザインが終わって、「今後のスポーツ政策のあり方検討とスポーツ庁創設に向けたプロジェクトチーム」で色をつけ始めた感じだ。デッサンを調整しながら、色をつけ始めている。二〇一四年五月ぐらいに粗い絵ができるといったイメージかな。

作業はとくに大変ということはない。東京オリンピック・パラリンピックが決まって、一気にムードが変わった。安倍総理自身も「スポーツ庁をつくる」と明言している。

二〇一二年一二月に安倍総理が就任した時、「スポーツ庁をつくってください」とお願いしても、明快に「うん」とは言ってもらえなかった。二〇一三年の春にもまだ明快ではなかった。でも一三年九月、ブエノスアイレスで東京オリンピック・パラリンピックが決まって、みんなで「バンザイ」したあと、その日の夜ホテルでの祝勝会の席で、改めて「スポーツ庁をお願いします」と言ったら、「わかった。やろう」と言ってくれた。

3

あしたの日本スポーツ

スポーツ庁創設で日本はどう変わるのか？

一番大きいのは、スポーツは国民生活にとって大事なものであって、国が責任をもってスポーツ政策を推進するということを明快に示すことだと思っている。

例えば、消費者庁、観光庁、水産庁、林野庁、文化庁……、などと同じような形となる。今まで国もスポーツ政策をやっていますよといいながら、今ひとつ明快なステータスがなかった。やっぱり、位置付けとしては、観光政策や文化政策と同様、スポーツ政策は国の主要な政策の一つなのだ。

だから、国はスポーツ庁という一つの組織をつくって政策を推進することになる。国の主要な政策と明示するために、スポーツ庁は目に見える位置付けになるだろう。

ナントカ立国といえば、日本という国を家屋に見立てた場合、その柱となるものだと思う。つまりスポーツが国を支える柱の一つになることだ。スポーツ庁はその実現スタートの象徴ではないだろうか。

一元化で予算が増えるし、人的なつながりも強まってくる。もちろん予算が一気に増えていくわけじゃないけれど、重要さは増していく。

スポーツ庁ができたあとの課題は、いかにきちんと戦略を組むかだ。

国が率先してスポーツ政策をやっていかないといけないわけで、大事なことは三つ、ある。当面、二〇一九年ラグビーワールドカップや二〇二〇年東京オリンピック・パラリンピックなど前後の国際大会をしっかりと運営していくことが一つ。そのためにも、トップアスリートを戦略的に強化していくことが一つ。同時に地域スポーツを充実させていくことが一つ、である。

日本のスポーツの原点は地域スポーツなので、施設の建設やスポーツ指導者の体制もしっかり整備していく。

二〇二〇年東京オリンピック・パラリンピックに関しては、まずは組織委員会が主体的に進めていくけれど、スポーツ庁ができることによって、なおさら国が支援しますよと明確に示すことになる。

そういった意味で、オリンピック・パラリンピックの準備、運営はしやすくなる。他の国からみても、日本はスポーツ庁までつくってオリンピック・パラリンピックをやろうとしている、しっかりしたスポーツ政策をしようとしている、とみてくれるのではないか。これで東京オリンピック・パラリンピックは大丈夫ですね、という安心感も与えるだろう。これは画期的なことなんだ。

国の機関が新しくできると、雰囲気ががらりと変わる。やっている人のステータスが違うし、周りの評価も大きく違ってくる。

アスリートの強化に関して、今は資金の流れを含めてあいまいだと思う。一本化していない。だから、資金の流れも一本化して、情報を集めて戦略を組み、統一した形で資金を分配していくことになる。地域スポーツも一緒だ。つまり競技スポーツであれ、地域スポーツであれ、国としてのスポーツ戦略のもとで資金配分していくことになる。

きちんと整理できるだろう。今は国が資金を出したり、JOCが出したり、JSCが出したり、ぐちゃぐちゃになって、若干無責任体制になっている。見えづらい。外から見えないから、不正問題が起きたのだろう。そんなことを整理するためにも、スポーツ庁創設は大きいのだ。

日本のスポーツ界が変わっていく。

二〇二〇年東京オリンピック・パラリンピックのほか、二〇一九年にラグビーのワールドカップ、ハンドボール女子の世界選手権が開かれる。まだ決まっていないけれど、二〇二一年世界陸上、二〇二三年ＦＩＦＡ女子ワールドカップ（女子サッカー）の日本開催を目指してはどうかとの話もある。

オリンピック・パラリンピックという世界的なイベントと同時に、女子サッカーやラグビーのワールドカップを開くというのは、日本のスポーツにかける思いを世界に発信することになる。

国際大会を日本で開催する意味は大きい。まず単純に、日本の国民にとって、スポーツが身近なものになるだろう。目の前で世界最高峰の素晴らしいプレーを見ることができる。それに伴い、海外からも、日本はスポーツによって、地域づくり、人づくりをしているなあと感じてもらえる。

結果的に、日本がいろんな形で世界に貢献していくことになる。スポーツのチカラもだが、国際大会にはまさに多様なチカラがあると思っている。

もちろん、東日本大震災（二〇一一年）からの復興を忘れてはならない。

例えば、二〇一九年ラグビーワールドカップを開催したから、被災地がどうこうなったということではなくて、スポーツを通じた地域づくりを確認することができる。

東日本大震災の時、岩手県釜石市では日本ラグビーフットボール選手権大会（日本選手権）V7を成し遂げた「新日鉄釜石ラグビー部」の流れをくむクラブチーム、「釜石シーウェイブスRFC」のオーストラリア人選手やニュージーランド人選手がボランティアで復旧を手伝った。スポーツの選手がもつチカラは地域に夢と元気を与えたんだ。

世界のみなさんが被災地の復旧・復興を支援してくれた。ありがとう、だ。ワタシたちは世話になったんだから、感謝の気持ちを示すために、ワールドカップまでに復興を成し遂げたい。是非、被災地にきて、その状況をみていただきたい。つまり、被災地がより前に進むんだ。

二〇二〇年東京オリンピック・パラリンピックが、いろんな意味で大きな目標となる。国民の共通の目標になる。

二〇二〇年までには東日本大震災からの復興を成し遂げよう。鉄道を整備しよう。財政を再建しよう。あるいは、二〇二〇年までに英語教育をしっかりしようじゃないかって。

国を挙げての目標ができる。誰もが認める大目標になる。

でも中には、「スポーツは嫌いだ」という人もいるだろう。「スポーツなんていらない。東京オリンピック・パラリンピックなんていらない」って。でも国を挙げてのオリンピック・パラリンピックとなれば、スポーツ嫌いな人でも、興味をもってくれるんじゃないか。応援してくれるんじゃないか。そう、思う。

個人的に考えているのは、「一〇〇万人アンバサダー」だ。ボランティアが一〇万人なら、一〇〇万人のアンバサダーもつくろうって。どういうことかというと、二〇二〇年までにそれぞれが語学をマスターする。そうしたらアンバサダーのバッジを渡すのだ。バッジに「English」とあれば英語、「Chinese」とあれば中国語。そういう人が空港にいる。日本にきた人、東京で困った人がバッジを見て、道を尋ねる。語学の通訳といっても、アンバサダーは片言でも意味が通じればＯＫとする。そうすればアンバサダーに認定するのだ。アンバサダーは交流大使だ。日本の「お・も・て・な・し」のスタッフだ。それを一〇〇万人つくったらどうだろう。

あるいは、国民から寄付金をお願いしてもいい。一〇〇〇円でもいい。つまりどんな形でもいいから、オリンピック・パラリンピックに参加してほしいんだ。からだを動かす人、頭脳を使う人、おカネを出す人。

「一〇万人ボランティア・一〇〇万人アンバサダー・一〇〇〇万人ドナー」。

寄付は、税金とは違う。消費税から予算を出すだけではだめなんだ。自分の意志でおカネを出すことで参加することになる。なんでもいいから、オリンピック・パラリンピックを手伝ってください、ということだ。

地域スポーツはもちろん、大事だ。

国が強化に走り過ぎると、地域スポーツが低迷するのではないかと心配する人がいるけれど、それは違う。

地域スポーツを進めようと思えば、当然、施設や指導者が必要となる。そのためには、財源が必要だ。財源を増やすためには、やっぱり国民のみんなが「スポーツをやってよかった。スポーツはすごい」「国がもっと支援すべきだ。県や市町村が支援すべきだ」となることが大事だろう。

そうなってようやく、予算が確保でき、施設や指導者を増やすことができる。

そのきっかけとして、強化したトップ選手が活躍する。それが大事。強化から地域へ。循環していく。

地域の人々の健康が大事です、といっても、運動する場所はあるのか。だから、すそ野を広げるためにも、施設や指導者を増やしていかないとうまくいかないだろう。

今回のソチ五輪でもスノーボードで日本人選手が銀メダルをとった（平野歩夢《ひらのあゆむ》選手：ハーフパイプ、竹内智香《たけうちともか》選手：パラレル大回転）。子どもたちがその選手に憧れ、競技に興味をもつ。そうなると、地域でハーフパイプやパラレル大回転ができる施設を整備しようか、指導者を招こうかとなるんじゃないかな。

地域スポーツを活発化させるために、もっと施設や指導者がいるんだ。個人的にはスポーツクラブの充実が大事だと思っている。スポーツクラブが新しいグラウンド、体育館をつくっていく。

学校の体育館でもいい。学校は午後三時になったら、あとは市が管理して、市民に開放しますとなればいい。

ワタシには夢がある。

三〇年後、五〇年後の日本をイメージする。一つは、みんなにスポーツを楽しむ環境があるようになってほしい。歩いて、または車で二〇～三〇分以内に体育館とグラウンドがある。クラブハウスもあって、みんながスポーツを楽しみ、そこで食事もできる。

家族が一緒になって楽しめる。そのクラブには有能な指導者もいて、能力のある子どもに対しては、しっかりサポートをほどこす。楽しみの部分と、強化の部分とが、一つの施設の中でできるんだ。

ワタシにとっては、やはりスポーツクラブが夢だね。昔行ったオーストラリアのクラブのまぶしい光景、みんなの笑顔があふれていた。ご主人はラグビーやって、奥さんはテニスをやって、子どもたちはローンボールをやっている。夏は水泳でもいい、冬にはスキーにもいける。

家族や、地域の人が一緒になって、笑って、スポーツを楽しむんだ。

ファミリースポーツ。

原点は、家族、ファミリーだ。ゆとりある生活には、スポーツだけじゃないけれど、家族で何かを一緒に楽しむことが大事なんじゃないかと思っている。

スポーツがワタシの人生を豊かにしてくれた。スポーツを楽しむことによって、家族が元気になって、いろんな仲間も増えた。人生が豊かになり、幸せを共有できた。

スポーツで人生に豊かさを！

◉スペシャル対談

スポーツのチカラ

山口香×遠藤利明

スポーツのチカラってなんだ？

「スポーツのチカラとは人間の力だと思っています」。

かつて「女姿三四郎」と称賛された女子柔道家の山口香《やまぐちかおり》（筑波大学准教授）はそう答えた。うなずきながら聞いていた遠藤利明は「そう。そう。スポーツのチカラとは生きる力」という。だから、法律で支え、国がサポートするのである。

❖　❖　❖

二〇一四年二月二三日、ソチ冬季オリンピックが閉幕した。永田町の衆議院第一会館の一室。六四歳の遠藤と四九歳の山口がならんで座る。現場を大事にする政治家と、現場を熟知する知的行動派の女性。山口のきれいな指先には赤色、白色でネールアートが施されている。

対談のテーマは「ソチ五輪から二〇二〇年東京オリンピック・パラリンピック」「女性のスポーツ進出」「スポーツ基本法」「スポーツ庁」である。まるで柔道の乱取りのごとく、対話は熱気を帯びていく。

ソチ五輪の活躍に感動
もはや総力戦、チームジャパン

――ソチ五輪はどうでしたか。日本勢は金一個、銀四個、銅三個のメダル八個。海外で行った冬季五輪としては、過去最多のメダル数となりました。

遠藤　みなさん、大変、努力してくれたなあと思います。スノーボードなど新しい分野で比較的メダルをとってくれた反面、期待していたスピードスケートなどではうまくいかなかった。強化のやり方をもう少し、考え直さないといけないかなと思っています。

現地のマルチサポートハウスを含めて、支援体制についてはかなりよくなってきている。これからスポーツ庁をつくって、強化の資金の流れをクリアにしていきますけれど、全体としての戦略性をきちんとつくる必要があります。羽生結弦《はにゅうゆづる》選手（フィギュアスケート男子シングル金メダル）、葛西紀明《かさいのりあき》選手（スキー・ジャンプラージヒル銀メダル、団体銅メダル）、浅田真央《あさだまお》選手（フィギュアスケート女子シングル六位）の活躍は、本当に我々に感動を与えてくれた。スポーツのもつチカラを広めてくれたという意味では大変、よかったなあと思っています。

山口　一視聴者として、毎晩、寝不足になりながら興奮して応援させてもらいました。これから東京オリンピック・パラリンピックを迎えるにあたって、スポーツの素晴らしさを感じさせてくれた選手たち、そしてサポートスタッフの頑張りが見えた大会でした。
一方で、遠藤先生がおっしゃられたように課題も見えました。国の支援のあり方、強化のあり方というところで明暗を分けた部分がありました。そういう意味では、いろんなものが見えたオリンピックだったと思います。

――国の支援が見えたところとは？

山口　選手たちがやはり口にするのは、遠征の費用や練習の環境です。正直にいって、冬の競技は夏のそれ以上に費用がかさみます。よく見れば、うまく配分されていないところ、目配りがされていないところがあるので、そういったところに課題が見えたと思います。

遠藤　いずれにしても、自国開催をのぞけば過去最高のメダルというのは、スポーツ基本法ができたりして、国のサポートの成果が出たのかな、と思います。山口さんが言ったように、みんな目をこすりながらテレビを観て、真央ちゃんの演技が感動的だったとか、高梨沙羅《たかなしさら》ちゃん（スキー・ジャンプ女子四位）はもったいなかったとか感想をいっている。
やっぱりスポーツというものはみなさんに夢と感動を与えるし、一体感をもたらしてくれる。

今回のオリンピックは今まで以上にスポーツとみなさんを結びつけた、そんな感じがする。これには東京オリンピック・パラリンピックが決まったことが大きい。スポーツという存在が、みんなの頭の中で占める容量が大きくなってきている気がします。

山口　また活躍した人も、メダルに届かなかった人も、一般の人たちにも共感できるコメントを口にしてくれました。選手たちの境遇がわかると、「そういうことあるよね」って、共感しながら応援できました。例えば、何度目かの挑戦でやっとメダルにたどりつけた選手もいた。夏に比べて競技数が少ないので[*1]、一気に見ることもできます。スキーとスケート。すごくわかりやすいので、ぐっとのめり込めます。

遠藤　ほんと、わかりやすい。夏の五輪は二八[*2]も競技があります。中には関心のあまりない競技も出てくるだろうし、メダルには厳しい競技もあるだろう。でも冬は、スケートもスキーも日本でいろんな大会をしてきているから、身近さがあったと思います。それに、シンプルでわかりやすい。

---

*1　冬季オリンピックで実施される競技の数は七とされている（二〇一四年現在）。
*2　オリンピック憲章が規定する夏季オリンピックの上限競技数。ロンドン五輪（二〇一二年）では二六競技（三〇二種目）が実施され、リオデジャネイロ五輪（二〇一六年）では二八競技の実施を予定している。

山口　みんなバランス良く、頑張ってくれました。結果的にはスピードスケートはメダルをとれなかったけれど、どれもメダルを期待しながら見られました。これはダメだなというのがありませんでした。

――メダルの内訳は、フィギュアスケートが一つ、残りの七つはスキーです。

遠藤　たしかにスケート陣は苦戦しました。オランダ勢が圧倒した。それはリンクの製氷技術がオランダの会社によるものだったとか、オランダに戦略があったのかもしれません。でも日本にメダルはなかったけれど、五位、六位でしょ。メダルをとる、とらないはわずかの差だった。だから入賞（三～八）が多かったのです。

山口　いわれないと、スキーとスケートの結果に差があったことに気がつきません。

遠藤　そう。みんな意識していないでしょ。

山口　スケート勢も頑張った、惜しかった。これはもう技術の進歩もあるのでしょうが、私からいわせると、コンマ〇何秒まで出さなくてもいいんじゃないのと思う。細かく計らなければ、同着でメダルをとらせてあげることもできたのにって。

遠藤　ははは。同感です。

――フィギュアスケート金メダルの羽生選手らが、帰国して日本のスケートリンクの少なさを訴えました。どう思いますか。

遠藤　国内の施設整備というのはこれまで、企業や篤志家のボランティアの支援で成り立ってきました。でも、もう、そういう時代ではありません。科学的に計算された施設整備をしなければならないので、なおさら予算の裏付けがないといけません。

法律（スポーツ基本法）をつくる時に、財源の問題を議論したんだけれど、やっぱりどうやって財源をつくっていくのかが大事なことになる。何をやるにしても財源は必要です。逆にいうと、選手たちがこういう活動をしたいから「もっと財源がほしいよ」といった議論が活発になってもいい。そういった意味では、インパクトがある大会でした。

山口　本当に国の支援というか、さらに手当をきちっとやっていかないといけないところがあります。ただ他の国からみると、日本は恵まれているなあというところもあると思います。ただし、企業とか、家族に大きな負担がかかっている部分が大きい。

そういった人たちへの感謝というものが、今回は選手たちの言葉から伝わってきました。一般の人たちも恵まれていない中で頑張っている人は多くいます。選手の言葉に共感した方も多かったはずです。精一杯やって成功する時があれば、失敗する時もある。オリンピックを見て、ああ代表選手も大変なんだ、応援してあげたいな、となったんだと思います。そういった国民の気持ちが、国がさらに予算をつけていく後押しになるのだと思うんです。

――山口さんは一九八八年ソウル五輪に出場して銅メダルを獲得しました。当時、周りのサポートをどう感じていましたか。

山口　柔道は当時から比較的恵まれていたと思いますが、女子柔道に関しては「おまけ」という感じで期待もされず、支援もありませんでした。どの競技も、当時と今の五輪を比べたら、国のサポートは天と地ほどの違いでしょう。私たちの時は、ただオリンピックに「いってらっしゃい」と送り出され、終われば「おかえり」と言われるくらいだった。時代が変わりました。

遠藤　具体的にいうと、昔も国があって、日本オリンピック委員会（ＪＯＣ）、日本体育協会があって、競技団体があった。今は日本スポーツ振興センター（ＪＳＣ）がある。この存在が大きいと思います。ＪＳＣの中に国立スポーツ科学センター（ＪＩＳＳ）があって、科学的なトレーニングをやってくれる。情報を集めて、マルチサポートハウスでからだのケアをしてくれる。強化の方向性がしっかりしました。

——冬季五輪で初めて設置されたソチのマルチサポートハウスの評判がいいですね。

遠藤　それだって、サッカーくじ（スポーツ振興くじ：toto《トト》）という財源の裏付けがあるわけです。オリンピックはもちろん、地域スポーツの普及にしても、資金の流れをしっかりつくって、いかに効率よく、シンプルにサポートしていくか、そういうことが改めて必要だと感じています。

山口　葛西さんも、あの年齢（四一歳）で頑張っていらっしゃる。ジャンプは着地の衝撃も大きいでしょうから、日常的なケアは必須です。今回も腰を痛めたようですが、マルチサポートハウスやスタッフのケアが大きな効果を発揮したようです。

だから、今は総力戦なんです。選手だけでなく、チームジャパンの戦いなんです。

遠藤　まさにチームジャパンだ。

山口　マルチサポートハウスの存在は大きい。このケアの差、わずかの差が、メダルを分けるのです。葛西さんでも、たまたま七回も五輪に出られたわけではありません。ソチ五輪では若い人も活躍しましたけれど、年齢が比較的高い人も頑張った。これは医科学の進歩、周りのサポートのお陰でもあります。今はＪＩＳＳもあって、現地にマルチサポートハウスもあって、すごく充実しています。

男女同等のサポート強化を脆弱な女子の基盤

――たしかに日本のメダリストの年齢の幅が広いですね。

遠藤　こんなに年齢幅が広いのは初めてでしょう。精神力が優先するスポーツではなく、肉体を酷使するスポーツで一五歳（平野歩夢《ひらのあゆむ》選手：スノーボード・ハーフパイプ銀メダル）から四一歳（葛西選手）までの広がりはすごいね。山口さんが言ったように、医科学を生かせる体制ができたからだと思います。

山口　別の見方をすれば、そういった総力戦でないとメダルがとれないくらい、世界の競技レベルが上がっているということです。もう選手と監督だけがいればいいという時代は終わりました。

遠藤　そう。個人種目でもチームの戦いだ。役者と一緒。選手が俳優で、監督やコーチがディレクター。みんながいて、舞台ができる。目立つのは主演の俳優だけれど、周りのスタッフがいないと舞台はできないのです。

――劇団みたいなものですか。そういえば、ソチ五輪では冬季五輪で初めて日本選手団の女子（六五人）の数が男子（四八人）を上回りました。

山口　そうですね。これまで男性だけだった種目に女子種目が加わっています。チーム競技で女子のほうが五輪に出場しやすいというのもあるでしょう。この傾向は今後も……。

――エスカレートされていく、ですか。

山口　そうです。ソチでは、女子にももっと活躍してほしかった。ただ、最近、女子、女子といわれるので、「男の子、頑張れ！」というのもありました。

遠藤　そうなんだ。男も頑張れ！　政治の世界も、女性の活躍に圧倒されているけれど、スポーツの世界もそうだね。

――サポートの効率として、男性より女性のほうが大きいのではないですか。

遠藤　それは戦略として、あるかもしれない。もちろん五輪には参加することが大事だけれど、出るからには勝ってほしい。ならば、どうやったら勝てるかの戦略を立てないといけない。例えば、団体競技と個人競技。ワタシからしたら、サッカーの場合、一一人なら一一個のメダルを出せばいいと思うけれど、一個としか出さない。もちろん一一個分の価値はあるんだけれど。

山口　実際、なでしこジャパン（サッカー女子日本代表）の活躍もあって、女性スポーツへのサポートが手厚くなっているのは間違いないですね。つい最近までは「男性がこうだから女性もこうだろう」といった形で強化されてきた。そうではなく、女性に特化した強化を進めていくと、さらに可能性が膨らむのではないでしょうか。

通常は認知され、支援され、強化体制が整って、結果が出ます。でも女子の場合は、なでしこジャパンも、柔道もそうですけれど、強化体制が整っていない段階で結果が出てしまっている。これで「もう、いい」と思われてしまう。

女子スポーツは、世界では強化が進んでいないために、日本人が活躍できている競技もあります。この先、他国が強化に乗り出しても、日本が勢いを維持するためには、この時期に土台をつくることが必要なんです。そこが、まだまだ脆弱な場合がある。今、女の子たち、とくに女子中学生の運動する時間がすごく減っているんです。一週間で合わせて一時間以内という数字が出ています。

――学校体育があるのでは?

山口　体育は含めないで、です。平均すると、一日、一〇分以内。つまり、ほとんど運動をしていないわけです。

遠藤　男子は?

山口　男子のほうがまだちょっと上でしょう。女子がとにかく少ないんです。

――どうしてでしょうか?

山口　スポーツ離れというか、他に興味があるのでしょう。女の子は中学生になると第二次性徴で脂肪がついて、体型が変わってきます。運動服を着るにしても、素足を出したくない、水着になりたくないという生徒も出てくるでしょう。男性の目も気になるでしょうし。女の子にも運動をしてもらうためには、女性でも、スポーツをやっている人ってカッコいいよね、という憧れの女性アスリートがどんどん生まれてほしい。

遠藤　そうだね。男性に比べ、女性にはプロで活躍する人がほとんどいないね。

山口　そうですね。これは世界的な現象ですね。

遠藤　男女一緒といいながら、世界のメジャースポーツでは、野球にしても、サッカーにしても、スターはやはり男性が多いですね。

もっと女性もしっかり強化体制をつくらなければならないね。戦略もしっかり組まないといけないでしょう。

――国の支援は必要です。山口さん、政治とスポーツはどういう関係が理想ですか？

山口　基本的にはスポーツというのは地球全体の文化です。国を超えての部分があります。世界のトップを目指すということは、容易なことではありません。もはや個人の力、企業の力だけでできるものではありません。国のサポートが必要です。

ここで大事なことは、何のためにサポートするかという前提です。オリンピックが盛り上がれば、国の力になります。だから、国と国の争いのためではなく、みんなを元気にするためなんです。

国際力も外交力もスポーツにはあります。そういうメリットがある。選手側もそうですが、何のためにやるのかを踏まえていれば、国の支援がスポーツ活動を阻害するものではありません。選手側はやらされてやっているわけではありませんし、主張すべきことは国に対してでも主張していくことも重要です。こういった点を踏まえていれば、どんどんサポートをお願いしたい。

——では遠藤さん、国は何のためにサポートをするのですか。

遠藤　スポーツのもつチカラが素晴らしいからです。国はスポーツを通じて世界に貢献できるし、「日本とはこういう国ですよ」と世界に見せる手段としても大きな力をもっているからです。もう一つは、国民が「日本ってこんなに力があるんだ」と、自信をもつことにもつながるからです。

その両面があって、国がスポーツを支援していくのは当然のことだなと思うのです。それでスポーツ基本法をつくったのです。

スポーツ基本法はいいタイミング
男であれ、女であれ

——さて、スポーツ基本法はどうですか？

山口　正直いって、できるのが遅かったなあと……。ははは。

遠藤　あっはっは。それは、それは。

山口　私が生まれる（一九六四年）前の一九六一年、東京オリンピックを控えてつくられた法律（スポーツ振興法）が五〇年変わらなかったということは、ちょっと遅かったなあという気持ちが正直、あります。だけど、ここまで待ったからこそ、いろんなスポーツに対しての新しい概念とか、プロスポーツの考え方、障がい者スポーツとか、比較的クリアな形で法律に反映されました。待った甲斐があったのかなという感じです。

遠藤　どうやったらスポーツを振興できるのか。そのためには裏付けが必要だということで法律になったんだけれど、山口さんが言うように、もし二〇年くらい前だったら、障がい者スポーツを法律に書いたかどうかわからないし、アマとプロの整理もできなかったと思います。アンチドーピングや、スポーツ仲裁機構（ＪＳＡＡ）、選手の権利といった概念も入らなかったでしょう。
そう考えると、遅いといえば遅かったけれど、全体の流れとしてはいいタイミングだったのかな、と思います。五〇年ぶりの法律の全面改正ですから。ここ何年かの課題に応えるという意味でもよかった。ちょっと自己満足ですけれど。

――具体的によかったと思う部分は？

山口　オリンピック・パラリンピック招致の時もそうでしたけれど、これまで私たちは、オリンピックといってきました。今はオリンピック・パラリンピックと口にする。これはスポーツをやっている人に一気に浸透したなという感じがします。障がいをもっている人もそうでない人も、みんながスポーツに関わる権利をもっています。
スポーツをやりたいと思う人がやれるような環境を国がきちんと整えていく。国にはその義務、責任がありますよ、というようなことがうたわれているところです。女性に対しても、法律に含まれていると思います。

――スポーツ基本法では、女性に関する条文はとくにありませんね。

遠藤　だからいいのです。「全ての人」に当然、入っているのです。一九六一年制定のスポーツ振興法では、女性に対する感覚は行間からにじみ出てこない。スポーツ基本法では、行間から「男女とも同じように」という意図が漂ってくる。オリンピック種目は男女同じようにという風になってきています。もう男も女も関係なく、健常者も障がい者も関係なく、「しっかり国民全ての権利としますよ」という意味ではうまく法律ができました。

――とくにどのあたりの行間に出ているのですか？

遠藤　差をつけていないのが一番だ。

山口　私もあえて書かれていないのがすごくいいと思うんです。

遠藤　そう読み解いてくれるとありがたい。最初、女性のことに触れようという話もあったけれど、あえて書くのも変な話だったから。何か問題があるから特別扱いするわけなので。とくに書かないほうがいいという意識がありました。

山口　スポーツというものは、社会にのっかっているものです。社会を反映しているわけです。

スポーツで求められていることは、社会でも求められています。誰でも幸せになる権利がある。スポーツも同じ。多様性などが認知されてきたのが一つの結果かなと思います。

——その意味では、先ほどのお話にあった女子中学生の運動離れをどう防げばいいのですか。

山口　スポーツと体育の概念も難しいところですが、学校体育の中で、自分のからだをどういう風に管理してスポーツに長く親しんでいくのか、自分がやりたいことができるようなからだをどうつくっていくのか、そういうことをきちんと教えることも必要だと思います。ただ「運動して」といっても、いろんなことに興味がいっていますので。そこで国際競技力を上げて、今回の五輪のように、スポーツをしていることがカッコいいと思われるような、憧れとなる女性アスリートを輩出していくのです。

遠藤　やはり、子どもたちの憧れは大事です。昔は強化と普及のどちらが先だという不毛な議論をしていました。そして、普及して、すそ野が広がれば、いい選手が出てくるといわれてきました。でも現実としては、憧れがあって、例えば、「沙羅ちゃん頑張れ」となって、「ジャンプをやってみたい」となるのです。女性の競技人口が急速に増えていかないのは、世界的に頑張っている選手が見えないからだと思います。

――サッカーの澤穂希《さわほまれ》選手は？

遠藤　そうだね。だから、女子サッカーは躍進している。他の競技にも澤さんみたいな人がいれば、そのスポーツに参加する人が増えてくるかもしれません。スーパースターが出てくるのは大事なんです。

　ちょっと話を戻します。さっき、オリンピック・パラリンピックという話があったけれど、東京五輪組織委員会では調整会議といわれるところにパラリンピック会長が入っている。なおかつ、組織委の副会長にパラリンピックの人も就任する。これは初めてだ。オリンピック・パラリンピック、短く「オリパラ」。東京オリンピック・パラリンピックは、まさに「オリパラ」が一緒になる最高の大会になると思います。

山口　パラリンピックでは、選手の活躍とともに器具や用具が開発されていきます。オリンピックでは人間の可能性を追求している。そこで得られた可能性を一般にどうフィードバックするのかが課題です。同様にパラリンピックでは、トレーニング効果による運動機能の向上や自立支援などをフィードバックしていくことが大事だと思われます。

遠藤　そうそう。ロボットのアームとか。寝たきりになっている人たちの介護にも使えることが大きいと思います。結果的に、障がい者が、健常者と同じような生活ができるサポートをしていければいいなと思っています。

山口　スターが出れば、パラリンピックへの注目度もさらに上がっていくでしょう。

――もっと女性のスターが出れば、女性のスポーツ環境も変わっていくでしょう。そういえば、山口さんはかつて、凛としたたたずまいでカッコよかったですね。

遠藤　今もカッコいい。よかったと過去形で言うのは……。ハッハッハ。

山口　女性というところでいえば、日本の社会ではジレンマがあって、活躍している女性はある種、まだまだ一般の女性からすると特別だからという見方をされる。「あの人だからできたよね」って。そこで止まってしまっているのです。安倍総理ももっと女性が活躍できるようにと力をいれていらっしゃいますけれど、もう一つハードルを越えると、女性の力がどっと出てきそうな感じがしています。

スポーツもそうです。澤さんはやっぱりすごいよね、とそこで止まっている。もう少し活躍する人が増えてくると、さらに私もできるという自信をもってくれるんです。

遠藤　指導者もそうですけれど、あまり女性と意識しないでやっているんです。どんなところでも男女一緒にやって、あまり構えない方がいいと思います。

女性の視点でスポーツをサポートする
やらされている人は一人もいない

ここで遠藤が急用のため、しばし中座する。ならばと、山口の独白が続く。「女性スポーツ」について。

山口は、東京都生まれ。「男社会」の柔道界にあって、女子柔道の先駆者として戦ってきた。一九八四年、世界選手権で日本人女性として初めて優勝した。一九八八年ソウル五輪では銅メダルを獲得。引退後は、指導者に転じ、女子柔道の普及・発展に尽力する。

筑波大学で教育者としても活躍。二〇一三年に発覚した女子柔道強化選手の暴力告発問題では選手をサポートした。JOCの理事や全日本柔道連盟（全柔連）、日本バレーボール協会などの役員としても手腕を発揮している。

山口　「国が女性をサポートする」と考えるよりは、「女性の視点でスポーツをサポートする」という考えに立ったほうが、社会全体が豊かになると思うのです。

例を挙げれば、私が筑波大学の柔道部の監督をしていた時に、子どもが生まれたため、やむを得ず道場に子どもを連れていったこともありました。当時（一九九〇年代）道場に子どもがちょろちょろしているのは危ない、「不謹慎だ」といわれる時代でした。

でも、今は男性の監督が子どもを道場に連れてきますからね。もう共働きで女の人がずっと専業主婦ではない。そうなると「なぜ私だけ、あなたも子どもの面倒をみてよ」となるんです。ＪＩＳＳには託児所がありますが、女性のアスリートだけじゃなく、是非、男性にも利用してほしい。女性の視点で考えることは、男性にもメリットがあるのです。

子どもがいても、それが普通の環境になれば、女性アスリートが、「私たち、お母さんになっても指導者になれるんだ」とイメージできるようになります。

日本のスポーツで、男性指導者を見て、逆にかわいそうだと思うのは、情熱があるのはわかりますが、土日の休みもなく、家庭を顧みる余裕もない。ある意味で不幸だと思うのです。指導者も、自分のプライベートな部分の幸せを大事にしてほしいのです。

女性を前に出して改革していったらやりやすいでしょ。最終的には女性も男性も幸せになれるんです。

私はなぜ、指導者になったかというと、恩師から、「私が歩く道が次に続く人たちの道をつくっていくから」と言われたからです。筑波大学の柔道部に入ったら、女性は私一人でした。

しんどいというか、いろいろと大変なこともありました。

女性アスリートの環境整備は、自分で言わないと変わっていきません。私たちの世代の人や、澤さん、高梨さんが強いのは、言わなければ誰もしてくれないからだと思います。私たちは言うことによって変えてきた。力を示すことで流れをつくってきました。だから、勝たなきゃいけなかった。

恵まれていない世代には強い選手が育つんです。ここが痛し痒しの部分です。女性スポーツがどんどん盛んになってほしいけれど、レールが敷かれた上でスポイルされて育ってほしくない。やっぱり、女性がスポーツをやるということは、ある種、自己主張なんです。自己実現なんです。女性には、そういう強さを忘れないでもらいたい。

支援の体制をきちんとつくっていきたい半面、自分の考えや、相手に伝えるコミュニケーション能力もパフォーマンスの一つです。そういうアスリートを育てていきたい。

環境で足りないと思うことは、主張することも大事なんです。それは障がいをもっている人と同じです。我慢するのではなく、ここを変えてくれればもっとやれるんです、と言うのです。

それこそ、男女共同参画といっているけれど、実は私は、男が子ども産めるようにならないと平等な社会にはならないと思っています。子どもを産む、育てるということに関しては、やはり女性が担う部分が多い。もちろん、私や女性はそこを放棄するつもりはないんですけれど。現役を引退したあと、一年間、イギリスに指導者研修に行きました。イギリスに行って、思ったのは、「スポーツをやらされている人が一人もいない」ということでした。

日本は、長い歴史の中で独自の文化があります。目上の人とか、年上の人に言われたことは素直に聞きます。長い間、それで日本はうまくやってきました。でも時代が変わって、グローバルな社会になって、世界と競争しないといけない時代になりました。

国として、外交であったり、スポーツであったり、企業であったり、もちろん日本独特の美徳はあるんですけれど、言うべき時は言わないといけません。

例えば、お腹がすいた時、海外だと言わないとわかってもらえない。日本みたいに周りが気を利かせて、「何か

食べたい？」なんて聞いてくれない。日本ではお酒もついでくれるけれど、向こうではついでくれませんよ。
だから、これからは、両方を使い分けられる日本人を育てていく必要があるんです。
そこで、私はスポーツが果たせる役割が大きいと思っています。スポーツは世界の文化ですから。スポーツを通して、自然に学べるんです。スポーツのチカラって大きいんですよ。

一心同体、男女同数が理想
スポーツ庁は機動力、柔軟性を

遠藤が息を切らせながら、部屋に戻ってきた。遠藤と山口。場の空気が変わる。さあ、対談再開。「日本スポーツの未来」をゆっくり語り合ってもらった。

――女性スポーツを広めていく環境づくりは。

遠藤　もう男女は平等だから、あえて法律には書かなかった。そこで山口さんに聞きたい。現実的に女性にとっての施設の使いやすさとか、女性が参加しやすい環境づくりがあれば教えてもらいたい。

山口　女性がスポーツをしやすい環境は着々と整いつつあると思います。ただ、やはり意識を変えていただくことが大事かなと。例えば、女性の指導者が子どもの用事で練習中に帰らなければならない時、男性の指導者が「いいよ。やっておくよ」と代わってやれるような。障がい者と健常者の関係も同じで、何かしてもらいたい時、周りがサッと手を差しのべる社会になってほしい。

女性が自然と入ってこられるスポーツ現場。女性だけでなく、子育てしている男性もいるわけですから。

実は女性より、男性は大変です。「うちの奥さん出張なので、代わりに私が子どもの面倒を」とは言えない空気がある。これを変えてもらう。そうなれば、男性でも「うちの子どもの運動会なので」と仕事を休むことができるようになるでしょう。

遠藤　そういうことあるよね。

山口　そういう風に女性をサポートするというより、男女がお互い、ちょっとずつサポートし合うようになってほしいのです。

――二〇一五年には国のスポーツ庁がスタートする方針です。それを機会に男女同等になるためには？

山口　同等にではないですけれど、まずは数のバランスですね。戦略的にやっていかないといけないのは、連盟の役員の中に女性が入っていくことです。男の人が悪いのではなく、男性だけではわからないことがたくさんあると思うのです。全柔連には女性の理事が誕生しましたが、女性が何人か入ることによって、女性視点の意見が出るようになります。

遠藤　山口さんが言うのは、夫婦みたいなものかな。何年も一緒にいると、否が応でも相手を理解し、協力するようになるよね。夫婦というチームで物事を進めていくわけだからね。

山口　スポーツ組織のシステムでは、県連盟や傘下の団体の長が役員になるケースが多く、システムとしては女性が入りにくい。移行措置として女性枠をつくるなどして女性の役員増を進めていくのが必要かなと思っていますし、そういった方向を国が指示することも重要です。

――山口さんは全柔連の監事ですね。

遠藤　理事じゃないの？

山口　監事です。お目付役みたいなものですか。今女性の理事は四人です。今までゼロだったから、飛躍的な進歩です。やはり一人ではダメです。

遠藤　そうそう。

山口　理事会で一人の女性が勇気をもって発言した時、他の女性二人が「そうだよね」と言えば、男性も賛成していいのかなという雰囲気になる。女性一人だけの意見なら、なかなか賛成しにくいでしょう。

遠藤　夫婦っていうのは、一対一で同じ数だよね。これが理想。ただ、今までスポーツって男社会だったから、いきなり同数になるのは簡単じゃないだろうけれど。女性の社会進出もスポーツ進出も、まだ少ないと思う。理想は、男女が同数で、同じように発言していくのが本来の姿だと思います。

——スポーツ庁ができれば、フェアな社会を目指すようになりますか。

遠藤　男女ということでは分け隔てしていないし、スポーツ基本法では、全ての人たちが同じような権利をもつことがうたってあります。スポーツ庁については、あまり男のためとか、女のためとかではなく、スポーツをどうやって推進していくかが大事になります。スポーツを生かし、どうやって世界貢献していくか。その具体的な施策をどこでやりますか？　スポーツ庁でやります、ということです。

今までバラバラだった省庁間の縄張りをシンプルにするけれど、すべての行政をスポーツ庁でやれるとは思っていません。例えば高齢者スポーツというと、スポーツの観点からいうとスポーツ庁かもしれないけれど、健康の観点からみると厚生労働省の所管となります。

あまり厳密にあっち、こっちということではなくて、そこは暗黙の了解でもいいと思っています。重なり合ってもいいし、お互いの得意分野を生かしてやっていきましょう。その程度でいいと思います。

山口　東京オリンピック・パラリンピックだけではなく、二〇一九年にはラグビーのワールドカップも日本で開催されます。スポーツのもつチカラって、すごく大きなものだと思うんです。人間にとって、社

会にとって、世界にとって。その共通の認識をもつために、スポーツ庁をつくろうというのはすごいメッセージ性があると思います。

具体的にどういう風に運営していくかという課題もありますが、国がどう評価して、どういう風に後押ししていくかの覚悟みたいなものが、スポーツ庁を設置することで、世界に示せるということです。

スポーツは分野は幅広いので、他との連携が必要になります。ただ、その窓口がきちんとしていないとわかりにくい。司令塔じゃないけれど、スポーツ庁という中枢ができれば、スポーツのチカラが国に還元されていく機動力にもなるのではないでしょうか。

遠藤　スポーツはいろんな効用があってね、それは誰もが認めている。ただ遊びという感覚が強すぎた。確かに遊びがスタートなんだけど、その延長線上においていた。企業がサポートしてきたこともあって、あんまり行政が口出しをしてはいけないという空気があったんだと思う。でも、ここにきて、企業だけではもう、支援を負いきれない。

スポーツを強化するなら、国が全面支援して、科学技術を生かした形にしないといけない。そこで国として認めた省庁が必要になったんだ。国が責任をもって、施策としてやっていけば、国民が納得してくれる。また国が支援をできるんだって。まさに一体となって、スポーツ施策ができる。スポーツ庁がもつ影響力は大変大きいでしょう。

山口　ただ私が思うに、課題はその都度、出てきますよ。体罰やいじめと一緒で、問題となって出てきたほうが健全で、それに対してどう対処するかが大事なんです。

——そういえば、最近、日本のスポーツ界は体罰問題で揺れました。

遠藤　あの時は山口さんがうまくまとめてくれたんだけど、暴力は絶対、やってはいけない、許してはいけない。スポーツは基本的に楽しいことだから。指導者がスポーツを理解していたら、きっちり自分の態度と言葉でみせられる。それができない人が暴力に走る。暴力は絶対、いかんということを徹底しないといけません。

——スポーツ庁への不安は。

山口　スポーツ庁も軌道に乗るまではうまくいかないかもしれません。でも、動き出せば、大きな力になっていくことを確信しています。

スポーツってやったことに対して結果が出て、それを分析・改善し、どうやって次に結果を求めるかを考えていく。

スポーツ庁にも同じような形で、スポーツのチカラを発揮してもらいたい。基本的な考えさせしっかりしていれば、大丈夫ではないかと思います。

ただ日本の難しいところは、一回決めたことをなかなか変えられないことです。そこがちょっと心配です。スポーツ庁には是非、柔軟性を発揮してもらいたい。

遠藤 あえていうと、柔道の型みたいなものかな。基本形が型。試合になると、変幻自在なパターンが出てくるよね。だから、スポーツ庁は、まず日本のスポーツの型をみなさんに示します。具体策は、その時々に合わせて変えていきます。もし問題が出てきたら、また変えていきます。

――現役時代、山口さんの得意技は小内刈《こうちが》りでしたよね。

山口 はい。

遠藤 ワタシは高校時代、柔道をやっていて、一本背負《いっぽんぜお》いが得意でした。

――一回、対戦してみてください。

遠藤 ははは。そりゃだめだ。間違いなく、ワタシが負ける。

東京オリンピック・パラリンピックでスポーツのチカラをチームジャパンで「お・も・て・な・し」

山口　スポーツ振興法制定から五〇年経って、スポーツ基本法ができたのと同じで、以前は社会の変化が割とゆっくりだったと思います。今はどんどん変化していく。柔軟性や機動力をもたない省庁は効果をあげられないと思います。そこを意識していただきたい。

遠藤　スポーツ庁をつくる時、とくに意識しているのは、国が「全部、言うことを聞け」ということではない、ということです。

型はワタシたちがつくりますよ。でも、「実際に試合するのは、選手やスポーツ関係のみなさんですよ」。この位置付けだけはしっかりしていこうと考えています。試合まで、国が介入しようとは思わない。

まだ一九八〇年モスクワ五輪のトラウマはあると思っています。心配されている方は、国が介入してきて、ルールまで変えちゃうんじゃないかという。決してそういうことじゃない。あくまで、スポーツのもつチカラを国としてきっちり支援します。その型は見せます。その後の試合は自分たちでやってください。

やっていくうちに柔軟性が必要な場合はいつでも対応します。そんなフレキシブルな姿勢が大事ではないかと思っています。

山口　私たちとすれば、やっぱりスポーツ界できっちり意見を言える、マネジメントできる人材を発掘し、育てていくのが役割だと思います。フィギュアスケートの羽生くんはソチオリンピックから帰国して、下村博文《しもむらはくぶん》文部科学大臣に「日本全体のリンクの支援をしていただけたら」と言った。

今は選手の意識も高いし、臆せず、きちんとものが言える。国際的な部分もそうですが、そういった人材をどうやって育てていくのかが、私たちに課せられた使命だと思っています。

――スポーツ界は自律できますか。

山口　競技団体にもよるでしょう。

遠藤　その違いは大きいね。

山口　スポーツ庁ができて、一つの形ができたら、どういったスポーツ団体であればいいのか、どういったスポーツ人であればいいか、見えてくると思うんです。強化もそうですが、指導者や組織の人間を含めて、人材も育てていかないといけない。やることがたくさんある。期待がすごくあります。

――将来の日本のスポーツの姿は。

遠藤　家族みんながクラブでいろんなスポーツを楽しめる。国民のみなさんがスポーツを通じて、地域づくりをしたり、世界に貢献したり、そういうことができる国に是非、していきたいなと思っています。

山口　是非、そうなってほしい。これだけテクノロジーが進んでも、スポーツの人気がどんどん上がっていくというのは、人間が本来もっている欲求や、可能性を追求していくことに対する回帰現象があると思うんです。ますますスポーツの価値が上がっていく。

どんなに用具が発達しようとも、スポーツは人間がやるものです。機械がやるものじゃない。どんなにテクノロジーが進んでも、人間が力をもっていないと動かすこともできない。そこに原点があると思っています。

――二〇二〇年東京オリンピック・パラリンピックについては。

遠藤　オリンピック・パラリンピックはスポーツの祭典だけれど、日本の文化や科学技術、環境

を生かした地域づくりなど、トータルで日本の力を示せるチャンスとなるでしょう。
　東日本大震災からの復興も世界のみなさんに見せられる。同時に東京オリンピック・パラリンピックではなく、日本オリンピック・パラリンピックにしたい。

山口　本当にチームジャパンで「おもてなし」をする大会になると思います。日本の方がどんな形でオリンピック・パラリンピックに関わるのか。人ごとではなく、今から楽しみにしている方が非常に多いのではないでしょうか。

（撮影＝小倉和徳）

おわりに

政治家として幸せだ。ワタシはつくづく、そう思う。

大好きなスポーツを政策として、日本のスポーツのあり方を規定する「スポーツ基本法」の策定に関わることができた。スポーツを国づくりの柱とする「スポーツ立国論」も打ち出せた。さらには、五〇年、一〇〇年に一度、国内であるかどうかのオリンピック・パラリンピックの二〇二〇年東京開催に立ち合うことができる。

ワタシは子どもの頃、野球と出会い、高校では柔道に取り組んだ。大学ではラグビーにのめり込み、スポーツの素晴らしさを知った。スポーツのチカラって、すごいものだ。国民の豊かな生活、ゆとりのある生活のきっかけになると思っている。

日々、スポーツのチカラを感じる。二〇二〇年東京オリンピック・パラリンピックが決まって、国際オリンピック委員会（IOC）総会から帰国した時、いろんな人から「よかったね」「ありがとう」と声をかけられた。「国が明るくなった」とも言われた。もちろんワタシの手柄ではないけれど、スポーツを施策として推進してきて、よかったなあと思ったんだ。

スポーツならではの感動って、ある。大学一年の時、初めてラグビーの試合をした時の充実感は忘れられない。楽しかったんだ。「トライ」という言葉すらよく知らなかったのに。タックルされた時、うまく受け身ができて、柔道をやっていてよかったなあ、と思ったことも覚えている。

ここまでスポーツ政策にこだわってきたのは、やっぱりスポーツが好きだからなんだ。だから、スポーツ基本法を一人でも多くの人に知ってもらいたい。

いずれスポーツ庁もできる。スポーツをする場が整備されていく。施設や指導者が増えていくだろう。

確かに壮大なチャレンジかもしれない。でも東日本大震災から復興に立ちあがる日本のこれからにとって、スポーツで立国を試みるというチャレンジは大きな意味があると思う。国が責任をもって、スポーツのあり様を改善していくのだ。

スポーツ政策を進めていく上では、当然いろいろな方のサポートをいただいてきた。元内閣総理大臣の森喜朗《もりよしろう》先生や、麻生太郎《あそうたろう》先生、河村建夫《かわむらたけお》先生ほか、橋本聖子《はしもとせいこ》さん、馳浩《はせひろし》さん、富田茂之《とみたしげゆき》さん、鈴木寛《すずきかん》さん、笠浩史《りゅうひろふみ》さん……。多くの与野党国会議員とともに一歩ずつ前進してきた。

スポーツ基本法策定や施策を練る上では、河野一郎《こうのいちろう》さん、勝田隆《かつたたかし》さんら多くの専門家の方々にもお世話になった。

まだスポーツ立国構想は緒についたばかりだ。これからが本番。さあ、みなさん、一緒にスポーツを楽しみましょう。

二〇一四年四月

遠藤利明

取材・構成者あとがき

政治とスポーツ

東京に大雪警報が出た二月の土曜日、衆議院議員会館に行くと、もう遠藤利明さんは自分の事務所で待っていた。

ほとんど人がいない議員会館。休日だから、遠藤さんの事務所には秘書は一人もいなかった。遠藤さんは、自分で冷蔵庫から缶コーヒーを二つ取り出し、人懐っこい笑顔をつくり、ぼそっと言うのだ。

「さあ、今日は何から話そうか」

正直、どうも法律は苦手にしていた。どちらかといえば、政治家もしかり、である。数年前、一九八〇年モスクワ五輪の日本ボイコットの書籍を出版する際、スポーツ界の人々から政治への不信感を聞いていたこともあろう。日本のスポーツ界は政治の圧力に屈した、そう口をそろえていた。

でも、ラグビーを通し、森喜朗《もりよしろう》さん（元内閣総理大臣・日本ラグビー協会会長）と接し、ひょんなことから遠藤利明さんと話すようになってから、少し考えが変わってきた。遠藤さんは本気なのだ。心底、スポーツで日本という国を明るくしようとしている。オリンピックでメダルをとることが自信につながると思っている。

「ラグビー好きに悪い人はいない」という勝手な持論もあって、遠藤さんにインタビューを重ね、書籍にまとめることになった。何はともあれ、自分がスポーツ基本法のことを勉強したかった。

スポーツと政治の距離は難儀である。スポーツ立国論の本質は、国主導でスポーツを社会編成の軸に据えることにある。カネを出せば、口も出す。政治のスポーツ支配につながるのではないか、という恐れもある。

でも、それは違うのではないか。成熟した社会の中で、スポーツの果たす役割は大きい。ならば国がスポーツの環境整備に責任をもつのは当然で、要はスポーツ界が「自律」できるかどうかが重要なことなのだ。

近代イギリスのスポーツ界の潮流にあって、国家とスポーツの関係は「サポート・バット・ノーコントロール」だった。でも、時代が変わり、今では「サポート・アンド・コントロール」になりつつある。是非はともかく、ならば、スポーツサイドの人々、国民は国家のこと、法律のこと、政策のことを、もっと知らなければならない。

政治家についても、しかり、であろう。議員会館には何度も通った。多忙の合間を割いて、遠藤さんはアツく、丁寧に、スポーツ基本法の成立経緯やその内容を説明してくれた。勉強になった。オモシロかった。

インタビュー場所となった事務所の部屋には、壁にベトナムやタイ、ミャンマー、カンボジアなどの国々の子どもたちと一緒に撮ったパネルが一五枚、飾ってある。

遠藤さんが代表を務める「アジアの子どもたちに学校をつくる議員の会」の活動による

交歓会のひとコマである。活動では決まって、綱引き、サッカーなどのスポーツをするそうだ。キラキラにかがやく目と顔をくしゃくしゃにした子どもたちの笑顔がまぶしい。

スポーツは世界共通のコトバである。スポーツ基本法やスポーツ政策を知ることは、スポーツ界の自律を助け、ひいてはスポーツのチカラを高めることになる。オリンピズムが標榜する「世界平和」の建設に貢献することにもつながる。そう信じている。

松瀬学

二〇一四年四月

◆主要参考文献（順不同）

『詳解　スポーツ基本法』日本スポーツ法学会編　成文堂　二〇一一年
〔連載〕逐条解説スポーツ基本法」『体育科教育』森川貞夫著　大修館書店　二〇一二年四月号〜二〇一四年三月号
「特集：スポーツ立国論のゆくえ」『現代スポーツ評論』26　創文企画　二〇一二年
「『スポーツ立国』ニッポン──国家戦略としてのトップスポーツ」スポーツ振興に関する懇談会　二〇〇七年
『SCRUM（スクラム）』（えんどう利明BOOK）vol.8　新風会　二〇一三年
「スポーツ基本法──スポーツの振興からスポーツを通じた開発へ」新スポーツ振興法制定プロジェクトチーム　二〇一一年

※この他、『毎日新聞』『産経新聞』、文部科学省ホームページ、えんどう利明ホームページ、ウィキペディアなどを参考にしました。
　文部科学省ホームページ　http://www.mext.go.jp
　えんどう利明オフィシャルサイト　http://e-toshiaki.jp

〔付録〕

スポーツ基本法　条文

スポーツ基本法（平成二三年法律第七八号）

スポーツ振興法（昭和三十六年法律第百四十一号）の全部を改正する。

目次

スポーツは、世界共通の人類の文化である。

スポーツは、心身の健全な発達、健康及び体力の保持増進、精神的な充足感の獲得、自律心その他の精神の涵（かん）養等のために個人又は集団で行われる運動競技その他の身体活動であり、今日、国民が生涯にわたり心身ともに健康で文化的な生活を営む上で不可欠のものとなっている。スポーツを通じて幸福で豊かな生活を営むことは、全ての人々の権利であり、全ての国民がその自発性の下に、各々の関心、適性等に応じて、安全かつ公正な環境の下で日常的にスポーツに親しみ、スポーツを楽しみ、又はスポーツを支える活動に参画することのできる機会が確保されなければならない。

スポーツは、次代を担う青少年の体力を向上させるとともに、他者を尊重しこれと協同する精神、公正さと規律を尊ぶ態度や克己心を培い、実践的な思考力や判断力を育む等人格の形成に大きな影響を及ぼすものである。

また、スポーツは、人と人との交流及び地域と地域との交流を促進し、地域の一体感や活力を醸成するものであり、人間関係の希薄化等の問題を抱える地域社会の再生に寄与するものである。さらに、スポーツは、心身の健康の保持増進にも重要な役割を果たすものであり、健康で活力に満ちた長寿社会の実現に不可欠である。

スポーツ選手の不断の努力は、人間の可能性の極限を追求する有意義な営みであり、こうした努力に基づく国際競技大会における日本人選手の活躍は、国民に誇りと喜び、夢と感動を与え、国民のスポーツへの関心を高めるものである。これらを通じて、スポーツは、我が国社会に活力を生み出し、国民経済の発展に広く寄与するものである。また、スポーツの国際的な交流や貢献が、国際相互理解を促進し、国際平和に大きく貢献するなど、スポーツは、我が国の国際的地位の向上にも極めて重要な役割を果たすものである。

そして、地域におけるスポーツを推進する中から優れたスポーツ選手が育まれ、そのスポーツ選手が地域におけるスポーツの推進に寄与することは、スポーツに係る多様な主体の連携と協働による我が国のスポーツの発展を支える好循環をもたらすものである。

このような国民生活における多面にわたるスポーツの果たす役割の重要性に鑑み、スポーツ立国を実現することは、二十一世紀の我が国の発展のために不可欠な重要課題である。

ここに、スポーツ立国の実現を目指し、国家戦略として、スポーツに関する施策を総合的かつ計画的に推進するため、この法律を制定する。

第一章　総則

（目的）

第一条　この法律は、スポーツに関し、基本理念を定め、並びに国及び地方公共団体の責務並びにスポーツ団体の努力等を明らかにするとともに、スポーツに関する施策の基本となる事項を定めることにより、スポーツに関する施策を総合的かつ計画的に推進し、もって国民の心身の健全な発達、明るく豊かな国民生活の形成、活力ある社会の実現及び国際社会の調和ある発展に寄与することを目的とする。

（基本理念）

第二条　スポーツは、これを通じて幸福で豊かな生活を営むことが人々の権利であることに鑑み、国民が生涯にわたりあらゆる機会とあらゆる場所において、自主的かつ自律的にその適性及び健康状態に応じて行うことができるようにすることを旨として、推進されなければならない。

2　スポーツは、とりわけ心身の成長の過程にある青少年のスポーツが、体力を向上させ、公正さと規律を尊ぶ態度や克己心を培う等人格の形成に大きな影響を及ぼすものであり、国民の生涯にわたる健全な心と身体を培い、豊かな人間性を育む基礎となるものであるとの認識の下に、学校、スポーツ団体（スポーツの振興のための事業を行うことを主たる目的とする団体をいう。以下同じ。）、家庭及び地域における活動の相互の連携を図りながら推進されなければならない。

3　スポーツは、人々がその居住する地域において、主体的に協働することにより身近に親しむことができるようにするとともに、これを通じて、当該地域における全ての世代の人々の交流が促進され、かつ、地域間の交流の基盤が形成されるものとなるよう推進されなければならない。

4　スポーツは、スポーツを行う者の心身の健康の保持増進及び安全の確保が図られるよう推進されなければならない。

5　スポーツは、障害者が自主的かつ積極的にスポーツを行うことができるよう、障害の種類及び程度に応じ必要な配慮をしつつ推進されなければならない。

6　スポーツは、我が国のスポーツ選手（プロスポーツの選手を含む。以下同じ。）が国際競技大会（オリンピック競技大会、パラリンピック競技大会その他の国際的な規模のスポーツの競技会をいう。以下同じ。）又は全国的な規模のスポーツの競技会において優秀な成績を収めることができるよう、スポーツに関する競技水準（以下「競技水準」という。）の向上に資する諸施策相互の有機的な連携を図りつつ、効果的に推進されなければならない。

7　スポーツは、スポーツに係る国際的な交流及び貢献を推進することにより、国際相互理解の増進及び国際平和に寄与するものとなるよう推進されなければならない。

8　スポーツは、スポーツを行う者に対し、不当に差別的取扱いをせず、また、スポーツに関するあらゆる活動を公正かつ適切に実施することを旨として、ドーピングの防止の重要性に対する国民の認識を深めるなど、スポーツに対する国民の幅広い理解及び支援が得られるよう推進されなければならない。

（国の責務）

第三条　国は、前条の基本理念（以下「基本理念」という。）にのっとり、スポーツに関する施策を総合的に策定し、及び実施する責務を有する。

（地方公共団体の責務）

第四条　地方公共団体は、基本理念にのっとり、スポーツに関する施策に関し、国との連携を図りつつ、自主的かつ主体的に、その地域の特性に応じた施策を策定し、及び実施する責務を有する。

（スポーツ団体の努力）

第五条　スポーツ団体は、スポーツの普及及び競技水準の向上に果たすべき重要な役割に鑑み、基本理念にのっとり、スポーツを行う者の権利利益の保護、心身の健康の保持増進及び安全の確保に配慮しつつ、スポーツの推進に主体的に取り組むよう努めるものとする。

2　スポーツ団体は、スポーツの振興のための事業を適正に行うため、その運営の透明性の確保を図るとともに、その事業活動に関し自らが遵守すべき基準を作成するよう努めるものとする。
3　スポーツ団体は、スポーツに関する紛争について、迅速かつ適正な解決に努めるものとする。

（国民の参加及び支援の促進）
第六条　国、地方公共団体及びスポーツ団体は、国民が健やかで明るく豊かな生活を享受することができるよう、スポーツに対する国民の関心と理解を深め、スポーツへの国民の参加及び支援を促進するよう努めなければならない。

（関係者相互の連携及び協働）
第七条　国、独立行政法人、地方公共団体、学校、スポーツ団体及び民間事業者その他の関係者は、基本理念の実現を図るため、相互に連携を図りながら協働するよう努めなければならない。

（法制上の措置等）
第八条　政府は、スポーツに関する施策を実施するため必要な法制上、財政上又は税制上の措置その他の措置を講じなければならない。

第二章　スポーツ基本計画等

（スポーツ基本計画）
第九条　文部科学大臣は、スポーツに関する施策の総合的かつ計画的な推進を図るため、スポーツの推進に関する基本的な計画（以下「スポーツ基本計画」という。）を定めなければならない。
2　文部科学大臣は、スポーツ基本計画を定め、又はこれを変更しようとするときは、あらかじめ、審議会等（国家行政組織法（昭和二十三年法律第百二十号）第八条に規定する機関をいう。以下同じ。）で政令で定めるものの意見を聴かなければならない。
3　文部科学大臣は、スポーツ基本計画を定め、又はこれを変更しようとするときは、あらかじめ、関係行政機関の施策に係る事項について、第三十条に規定するスポーツ推進会議において連絡調整を図るものとする。

（地方スポーツ推進計画）
第十条　都道府県及び市（特別区を含む。以下同じ。）町村の教育委員会（地方教育行政の組織及び運営に関する法律

（昭和三十一年法律第百六十二号）第二十四条の二第一項の条例の定めるところによりその長がスポーツに関する事務（学校における体育に関する事務を除く。）を管理し、及び執行することとされた地方公共団体（以下「特定地方公共団体」という。）にあっては、その長）は、スポーツ基本計画を参酌して、その地方の実情に即したスポーツの推進に関する計画（以下「地方スポーツ推進計画」という。）を定めるよう努めるものとする。

2　特定地方公共団体の長が地方スポーツ推進計画を定め、又はこれを変更しようとするときは、あらかじめ、当該特定地方公共団体の教育委員会の意見を聴かなければならない。

第三章　基本的施策

第一節　スポーツの推進のための基礎的条件の整備等

（指導者等の養成等）

第十一条　国及び地方公共団体は、スポーツの指導者その他スポーツの推進に寄与する人材（以下「指導者等」という。）の養成及び資質の向上並びにその活用のため、系統的な養成システムの開発又は利用への支援、研究集会又は講習会（以下「研究集会等」という。）の開催その他の必要な施策を講ずるよう努めなければならない。

（スポーツ施設の整備等）

第十二条　国及び地方公共団体は、国民が身近にスポーツに親しむことができるようにするとともに、競技水準の向上を図ることができるよう、スポーツ施設（スポーツの設備を含む。以下同じ。）の整備、利用者の需要に応じたスポーツ施設の運用の改善、スポーツ施設への指導者等の配置その他の必要な施策を講ずるよう努めなければならない。

2　前項の規定によりスポーツ施設を整備するに当たっては、当該スポーツ施設の利用の実態等に応じて、安全の確保を図るとともに、障害者等の利便性の向上を図るよう努めるものとする。

（学校施設の利用）

第十三条　学校教育法（昭和二十二年法律第二十六号）第二条第二項に規定する国立学校及び公立学校の設置者は、その設置する学校の教育に支障のない限り、当該学校のスポーツ施設を一般のスポーツのための利用に供するよう努めなければならない。

2　国及び地方公共団体は、前項の利用を容易にさせるため、又はその利用上の利便性の向上を図るため、当該学校のスポーツ施設の改修、照明施設の設置その他の必要な施策を講ずるよう努めなければならない。

（スポーツ事故の防止等）

第十四条　国及び地方公共団体は、スポーツ事故その他スポーツによって生じる外傷、障害等の防止及びこれらの軽減に資するため、指導者等の研修、スポーツ施設の整備、スポーツにおける心身の健康の保持増進及び安全の確保に関する知識（スポーツ用具の適切な使用に係る知識を含む。）の普及その他の必要な措置を講ずるよう努めなければならない。

（スポーツに関する紛争の迅速かつ適正な解決）

第十五条　国は、スポーツに関する紛争の仲裁又は調停の中立性及び公正性が確保され、スポーツを行う者の権利利益の保護が図られるよう、スポーツに関する紛争の仲裁又は調停を行う機関への支援、仲裁人等の資質の向上、紛争解決手続についてのスポーツ団体の理解の増進その他のスポーツに関する紛争の迅速かつ適正な解決に資するために必要な施策を講ずるものとする。

（スポーツに関する科学的研究の推進等）

第十六条　国は、医学、歯学、生理学、心理学、力学等のスポーツに関する諸科学を総合して実際的及び基礎的な研究を推進し、これらの研究の成果を活用してスポーツに関する施策の効果的な推進を図るものとする。この場合において、研究体制の整備、国、独立行政法人、大学、スポーツ団体、民間事業者等の間の連携の強化その他の必要な施策を講ずるものとする。

2　国は、我が国のスポーツの推進を図るため、スポーツの実施状況並びに競技水準の向上を図るための調査研究の成果及び取組の状況に関する情報その他のスポーツに関する国の内外の情報の収集、整理及び活用について必要な施策を講ずるものとする。

（学校における体育の充実）

第十七条　国及び地方公共団体は、学校における体育が青少年の心身の健全な発達に資するものであり、かつ、スポーツに関する技能及び生涯にわたってスポーツに親しむ態度を養う上で重要な役割を果たすものであることに鑑み、体育に関する指導の充実、体育館、運動場、水泳プール、武道場その他のスポーツ施設の整備、体育に関する教員の資質の向上、地域におけるスポーツの指導者等の活用その他の必要な施策を講ずるよう努めなければならない。

（スポーツ産業の事業者との連携等）

第十八条　国は、スポーツの普及又は競技水準の向上を図る上でスポーツ産業の事業者が果たす役割の重要性に鑑み、スポーツ団体とスポーツ産業の事業者との連携及び協力の促進その他の必要な施策を講ずるものとする。

（スポーツに係る国際的な交流及び貢献の推進）

第十九条　国及び地方公共団体は、スポーツ選手及び指導者等の派遣及び招へい、スポーツに関する国際団体への人材の派遣、国際競技大会及び国際的な規模のスポーツの研究集会等の開催その他のスポーツに係る国際的な交流及び貢献を推進するために必要な施策を講ずることにより、我が国の競技水準の向上を図るよう努めるとともに、環境の保全に留意しつつ、国際相互理解の増進及び国際平和に寄与するよう努めなければならない。

（顕彰）

第二十条　国及び地方公共団体は、スポーツの競技会において優秀な成績を収めた者及びスポーツの発展に寄与した者の顕彰に努めなければならない。

第二節　多様なスポーツの機会の確保のための環境の整備

（地域におけるスポーツの振興のための事業への支援等）

第二十一条　国及び地方公共団体は、国民がその興味又は関心に応じて身近にスポーツに親しむことができるよう、住民が主体的に運営するスポーツ団体（以下「地域スポーツクラブ」という。）が行う地域におけるスポーツの振興のための事業への支援、住民が安全かつ効果的にスポーツを行うための指導者等の配置、住民が快適にスポーツを行い相互に交流を深めることができるスポーツ施設の整備その他の必要な施策を講ずるよう努めなければならない。

（スポーツ行事の実施及び奨励）

第二十二条　地方公共団体は、広く住民が自主的かつ積極的に参加できるような運動会、競技会、体力テスト、スポーツ教室等のスポーツ行事を実施するよう努めるとともに、地域スポーツクラブその他の者がこれらの行事を実施するよう奨励に努めなければならない。

2　国は、地方公共団体に対し、前項の行事の実施に関し必要な援助を行うものとする。

（体育の日の行事）

第二十三条　国及び地方公共団体は、国民の祝日に関する法律（昭和二十三年法律第百七十八号）第二条に規定する体育の日において、国民の間に広くスポーツについての関心と理解を深め、かつ、積極的にスポーツを行う意欲を高揚するような行事を実施するよう努めるとともに、広く国民があらゆる地域でそれぞれその生活の実情に即してスポーツを行うことができるような行事が実施されるよう、必要な施策を講じ、及び援助を行うよう努めなければならない。

（野外活動及びスポーツ・レクリエーション活動の普及奨励）

第二十四条　国及び地方公共団体は、心身の健全な発達、生きがいのある豊かな生活の実現等のために行われるハイキング、サイクリング、キャンプ活動その他の野外活動及びスポーツとして行われるレクリエーション活動（以下この条において「スポーツ・レクリエーション活動」という。）を普及奨励するため、野外活動又はスポーツ・レクリエーション活動に係るスポーツ施設の整備、住民の交流の場となる行事の実施その他の必要な施策を講ずるよう努めなければならない。

第三節　競技水準の向上等

（優秀なスポーツ選手の育成等）

第二十五条　国は、優秀なスポーツ選手を確保し、及び育成するため、スポーツ団体が行う合宿、国際競技大会又は全国的な規模のスポーツの競技会へのスポーツ選手及び指導者等の派遣、優れた資質を有する青少年に対する指導その他の活動への支援、スポーツ選手の競技技術の向上及びその効果の十分な発揮を図る上で必要な環境の整備その他の必要な施策を講ずるものとする。

2　国は、優秀なスポーツ選手及び指導者等が、生涯にわたりその有する能力を幅広く社会に生かすことができるよう、社会の各分野で活躍できる知識及び技能の習得に対する支援並びに活躍できる環境の整備の促進その他の必要な施策を講ずるものとする。

（国民体育大会及び全国障害者スポーツ大会）

第二十六条　国民体育大会は、公益財団法人日本体育協会（昭和二年八月八日に財団法人大日本体育協会という名称で設立された法人をいう。以下同じ。）、国及び開催地の都道府県が共同して開催するものとし、これらの開催者が定める方法により選出された選手が参加して総合的に運動競技をするものとする。

2　全国障害者スポーツ大会は、財団法人日本障害者スポーツ協会（昭和四十年五月二十四日に財団法人日本身体障害者スポーツ協会という名称で設立された法人をいう。以下同じ。）、国及び開催地の都道府県が共同して開催するものとし、これらの開催者が定める方法により選出された選手が参加して総合的に運動競技をするものとする。

3　国は、国民体育大会及び全国障害者スポーツ大会の円滑な実施及び運営に資するため、これらの開催者である公益財団法人日本体育協会又は財団法人日本障害者スポーツ協会及び開催地の都道府県に対し、必要な援助を行うものとする。

（国際競技大会の招致又は開催の支援等）

第二十七条　国は、国際競技大会の我が国への招致又はその開催が円滑になされるよう、環境の保全に留意しつつ、そのための社会的気運の醸成、当該招致又は開催に必要な資金の確保、国際競技大会に参加する外国人の受入れ等に必要な特別の措置を講ずるものとする。

2　国は、公益財団法人日本オリンピック委員会（平成元年八月七日に財団法人日本オリンピック委員会という名称で設立された法人をいう。）、財団法人日本障害者スポーツ協会その他のスポーツ団体が行う国際的な規模のスポーツの振興のための事業に関し必要な措置を講ずるに当たっては、当該スポーツ団体との緊密な連絡を図るものとする。

（企業、大学等によるスポーツへの支援）

第二十八条　国は、スポーツの普及又は競技水準の向上を図る上で企業のスポーツチーム等が果たす役割の重要性に鑑み、企業、大学等によるスポーツへの支援に必要な施策を講ずるものとする。

（ドーピング防止活動の推進）

第二十九条　国は、スポーツにおけるドーピングの防止に関する国際規約に従ってドーピングの防止活動を実施するため、公益財団法人日本アンチ・ドーピング機構（平成十三年九月十六日に財団法人日本アンチ・ドーピング機構という名称で設立された法人をいう。）と連携を図りつつ、ドーピングの検査、ドーピングの防止に関する教育及び啓発その他のドーピングの防止活動の実施に係る体制の整備、国際的なドーピングの防止に関する機関等への支援その他の必要な施策を講ずるものとする。

第四章　スポーツの推進に係る体制の整備

（スポーツ推進会議）

第三十条　政府は、スポーツに関する施策の総合的、一体的かつ効果的な推進を図るため、スポーツ推進会議を設け、文部科学省及び厚生労働省、経済産業省、国土交通省その他の関係行政機関相互の連絡調整を行うものとする。

（都道府県及び市町村のスポーツ推進審議会等）

第三十一条　都道府県及び市町村に、地方スポーツ推進計画その他のスポーツの推進に関する重要事項を調査審議させるため、条例で定めるところにより、審議会その他の合議制の機関（以下「スポーツ推進審議会等」という。）を置くことができる。

（スポーツ推進委員）

第三十二条　市町村の教育委員会（特定地方公共団体にあっては、その長）は、当該市町村におけるスポーツの推進に係る体制の整備を図るため、社会的信望があり、スポーツに関する深い関心と理解を有し、及び次項に規定する職務を行うのに必要な熱意と能力を有する者の中から、スポーツ推進委員を委嘱するものとする。

2　スポーツ推進委員は、当該市町村におけるスポーツの推進のため、教育委員会規則（特定地方公共団体にあっては、地方公共団体の規則）の定めるところにより、スポーツの推進のための事業の実施に係る連絡調整並びに住民に対するスポーツの実技の指導その他スポーツに関する指導及び助言を行うものとする。

3　スポーツ推進委員は、非常勤とする。

第五章　国の補助等

（国の補助）

第三十三条　国は、地方公共団体に対し、予算の範囲内において、政令で定めるところにより、次に掲げる経費について、その一部を補助する。

一　国民体育大会及び全国障害者スポーツ大会の実施及び運営に要する経費であって、これらの開催地の都道府県において要するもの

二　その他スポーツの推進のために地方公共団体が行う事業に要する経費であって特に必要と認められるもの

2　国は、学校法人に対し、その設置する学校のスポーツ施設の整備に要する経費について、予算の範囲内において、その一部を補助することができる。この場合においては、私立学校振興助成法（昭和五十年法律第六十一号）第十一条から第十三条までの規定の適用があるものとする。

3　国は、スポーツ団体であってその行う事業が我が国のスポーツの振興に重要な意義を有すると認められるものに対し、当該事業に関し必要な経費について、予算の範囲内において、その一部を補助することができる。

（地方公共団体の補助）

第三十四条　地方公共団体は、スポーツ団体に対し、その行うスポーツの振興のための事業に関し必要な経費について、その一部を補助することができる。

（審議会等への諮問等）

第三十五条　国又は地方公共団体が第三十三条第三項又は前条の規定により社会教育関係団体（社会教育法（昭和二十四年法律第二百七号）第十条に規定する社会教育関係団体をいう。）であるスポーツ団体に対し補助金を交付しようとする場合には、あらかじめ、国にあっては文部科学大臣が第九条第二項の政令で定める審議会等の、

地方公共団体にあっては教育委員会（特定地方公共団体における体育に関する事務（学校における体育に関する事務を除く。）に係る補助金の交付については、その長）がスポーツ推進審議会等その他の合議制の機関の意見を聴かなければならない。この意見を聴いた場合においては、同法第十三条の規定による意見を聴くことを要しない。

附則

（施行期日）

第一条　この法律は、公布の日から起算して六月を超えない範囲内において政令で定める日から施行する。

（スポーツに関する施策を総合的に推進するための行政組織の在り方の検討）

第二条　政府は、スポーツに関する施策を総合的に推進するため、スポーツ庁及びスポーツに関する審議会等の設置等行政組織の在り方について、政府の行政改革の基本方針との整合性に配慮して検討を加え、その結果に基づいて必要な措置を講ずるものとする。

（スポーツの振興に関する計画に関する経過措置）

第三条　この法律の施行の際現に改正前のスポーツ振興法第四条の規定により策定されている同条第一項に規定するスポーツの振興に関する基本的計画又は同条第三項に規定するスポーツの振興に関する計画は、それぞれ改正後のスポーツ基本法第九条又は第十条の規定により策定されたスポーツ基本計画又は地方スポーツ推進計画とみなす。

（スポーツ推進委員に関する経過措置）

第四条　この法律の施行の際現に改正前のスポーツ振興法第十九条第一項の規定により委嘱されている体育指導委員は、改正後のスポーツ基本法第三十二条第一項の規定により委嘱されたスポーツ推進委員とみなす。

（地方税法の一部改正）

第五条　地方税法（昭和二十五年法律第二百二十六号）の一部を次のように改正する。

第七十五条の三第一号中「スポーツ振興法（昭和三十六年法律第百四十一号）第六条第一項」を「スポーツ基本法（平成二十三年法律第七十八号）第二十六条第一

項」に改める。

（放送大学学園法の一部改正）

第六条　放送大学学園法（平成十四年法律第百五十六号）の一部を次のように改正する。

第十七条第四号中「スポーツ振興法（昭和三十六年法律第百四十一号）第二十条第二項」を「スポーツ基本法（平成二十三年法律第七十八号）第三十三条第二項」に改める。

（沖縄科学技術大学院大学学園法の一部改正）

第七条　沖縄科学技術大学院大学学園法（平成二十一年法律第七十六号）の一部を次のように改正する。

第二十条第四号中「スポーツ振興法（昭和三十六年法律第百四十一号）第二十条第二項」を「スポーツ基本法（平成二十三年法律第七十八号）第三十三条第二項」に改める。

理由

スポーツに関する施策を総合的かつ計画的に推進し、もって国民の心身の健全な発達、明るく豊かな国民生活の形成、活力ある社会の実現及び国際社会の調和ある発展に寄与するため、スポーツに関し、基本理念を定め、並びに国及び地方公共団体の責務並びにスポーツ団体の努力等を明らかにするとともに、スポーツに関する施策の基本となる事項を定める必要がある。これが、この法律案を提出する理由である。

遠　藤　利　明

(えんどう　としあき)

著者

1950（昭和25）年１月、山形県上山市生まれ。山形東高校から中央大学法学部に進み、同大卒業後、国会議員の秘書となる。山形県会議員を経て、1993（平成５）年の衆議院議員総選挙で初当選し、2012（平成24）年の衆議院議員総選挙で６期目当選。文部科学副大臣、農林水産委員長などを歴任した。

自由民主党の幹事長代理ほか「スポーツ立国調査会」会長、「教育再生実行本部」本部長を務める。超党派の「スポーツ議員連盟」幹事長でもある。スポーツ基本法制定（2011年）の中心となり、スポーツ庁創設を検討する「今後のスポーツ政策のあり方検討とスポーツ庁創設に向けたプロジェクトチーム」の座長、「2020年東京オリンピック・パラリンピック競技大会組織委員会」理事を務める。

スポーツは中学で野球、高校では柔道、大学時代には「くるみクラブ」でラグビーに取り組んだ。

松　瀬　学

(まつせ　まなぶ)

取材・構成

1960（昭和35）年８月、長崎県生まれ。福岡・修猷館高校－早稲田大学ではラグビー部に所属。1983（昭和58）年、同大卒業後、共同通信社に入社。運動部記者として、プロ野球、大相撲、オリンピックなどの取材を担当。1996（平成８）年から４年間はニューヨーク勤務。2002（平成14）年に同社退社後、ノンフィクションライターに。人物モノ、五輪モノを得意とする。日本文藝家協会会員、東京学芸大非常勤講師。著書に、『汚れた金メダル――中国ドーピング疑惑を追う』（文藝春秋）、『なぜ東京五輪招致は成功したのか？』（扶桑社）、『東京農場――坂本多旦いのちの都づくり』（論創社）など多数。

スポーツのチカラ

東京オリンピック・パラリンピック戦略

著　者　遠藤利明

取材・構成　松瀬　学

発行者　森下紀夫

発行所　論　創　社

〒160-0022　東京都千代田区神田神保町

2-23　北井ビル

tel. 03－3264－5254　fax. 03－3264－5232

web. http://www.ronso.co.jp/

振替　00160－1－155266

編集・組版・装幀　永井佳乃

印刷・製本　中央精版印刷

2014年４月15日　初版第一刷印刷

2014年４月25日　初版第一刷発行

ISBN978-4-8460-1329-5 C0031